쑥쑥쑥쑥 타자실력

차시	날짜		빠르기	정확도	확인란
1	월	일	타	%	
2	월	일	타	%	
3	월	일	타	%	
4	월	일	타		
5	월	일	타	%	
6	월	일	타	%	
7	월	일	타	%	
8	월	일	타	%	
9	월	일	타	%	
10	월	일	타	%	
11	월	일	타	%	
12	월	일	타	%	

차시	날짜		빠르기	정확도	확인란
13	월	일	타	%	
14	월	일	타	%	
15	월	일	타	%	
16	월	일	타	%	
17	월	일	타	%	
18	월	일	타	%	
19	월	일	타	%	
20	월	일	타	%	
21	월	일	타	%	
22	월	일	타	%	
23	월	일	타	%	
24	월	일	타	%	

이 책의 목차

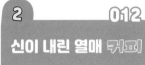

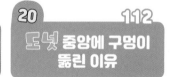

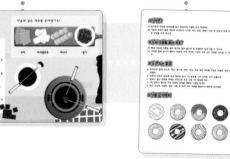

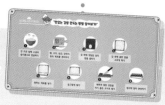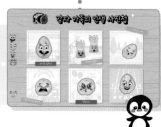

한글 주요 기능 미리 살펴보기!

step 1.
한글을 실행하여 파일을 불러와요!

❶ [시작(⊞)]을 클릭하고 [🏁 한글]을 찾아 선택하면 **한글 NEO(2016)** 프로그램이 실행돼요.

❷ 예제 파일을 불러오기 위해 [**파일**]-[**불러오기**]를 클릭해요.

❸ [불러오기] 대화상자가 나오면 [불러올 파일]-[Chapter 00]-**음식이야기.hwp**를 선택한 다음 <열기>를 클릭해요.

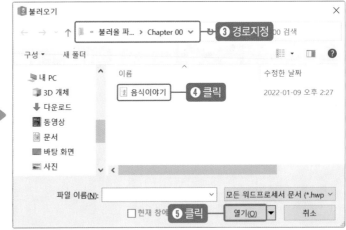

 팁   대화상자가 뭐예요?

컴퓨터와 사람이 서로 대화를 할 수 있도록 제공되는 특별한 창을 대화상자라고 불러요. 컴퓨터가 사람에게 무언가를 알려주거나, 입력(선택)을 요청하지요.

❹ 불러온 파일을 확인한 다음 문서를 작업할 수 있어요.

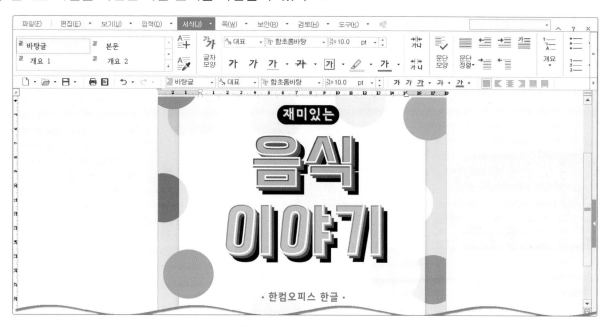

 팁 **한글은 이런 프로그램이에요!**

한글 프로그램은 문서 작성을 위해 최적화된 프로그램이에요. 많은 양의 글자 또는 그림을 보기 좋게 나열하고, 효율적으로 배치하여 깔끔한 문서를 작성할 수 있지요.

step 2.
파일을 저장해요!

❶ [파일]-[저장하기]를 누르거나 서식 도구 상자에서 🖫 (저장하기)를 눌러요.

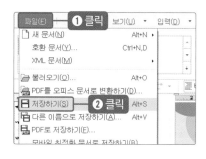

 팁 **다른 이름으로 저장하기**

[저장하기] 아래쪽에는 [다른 이름으로 저장하기] 메뉴가 있어요. 이 기능을 이용하면 새로운 이름으로 원하는 경로에 작업 중인 문서를 저장할 수 있답니다.

01 중국의 굴욕적인 역사 탕수육

배 우 는 기 능

★ 한글 프로그램에 대해 알아보아요.
★ 입력된 내용의 간격을 조절하고 텍스트를 수정해요.

▶ 실습파일 : 탕수육.hwp   ▶ 완성파일 : 탕수육(완성).hwp

완성 작품 미리보기

맛있는 탕수육을 즐기기 위한 방법에 대해 한국인들은 오랫동안 반대되는 두 가지 취향을 고집하고 있다. 탕수육과 곁들이는 새콤달콤한 소스를 부어 먹을 것(부먹)인지, 찍어 먹을 것(찍먹)인지에 대한 의견 차이인데, 대립하는 의견이 좀처럼 좁혀지지 않고 있는 것으로 보인다.

부먹의 입장
"소스가 고기튀김에 스며들어 함께 어우러지는 맛과 식감을 좋아하며 그것이 탕수육의 원래 모습이에요."

찍먹의 입장
"바삭한 고기튀김에 소스를 살짝 찍어 먹는 것을 좋아하는데, 가장 큰 이유는 바삭한 식감을 계속 유지하며 먹고 싶기 때문이에요."

한편, 탕수육의 부먹과 찍먹 논쟁의 원인을 음식의 배달 문화에서 시작된 것이라고 전문가들은 조심스럽게 예측하고 있다. 또한 이 논쟁은 종결될 수 없다는 판단 끝에 끝임없는 연구가 필요한 부분임을 강조하고 있다.

홍길동 기자

재미난 음식이야기

1840년경, 중국은 영국과의 전쟁에서 큰 패배를 하게 되었어요. 이후 많은 영국인이 중국으로 들어와 살게 되었는데 영국인은 중국 요리에 주로 들어가는 특유의 향신료를 맡기 힘들어 했고 젓가락질도 매우 서툴렀지요. 이에 중국인들은 영국인들이 음식을 먹을 때 포크를 사용하고 돼지고기를 즐겨먹는다는 것을 감안하여 잘게 썬 고기를 튀기고, 새콤달콤한 소스를 뿌린 후 간단히 포크로 찍어 먹을 수 있는 '탕수육'을 개발했다고 해요.

가로/세로 열쇠를 참고하여 재미있는 십자말풀이를 완성해 보세요.

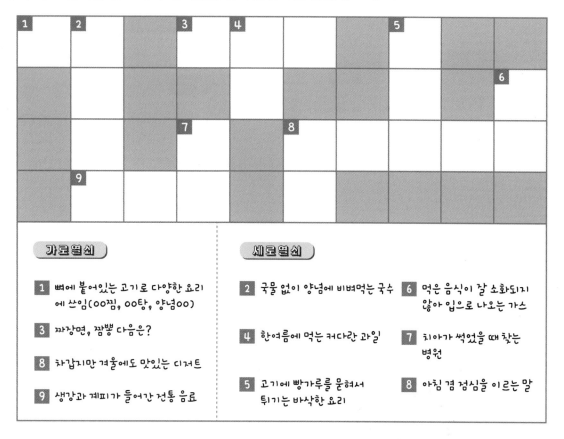

가로열쇠

1 뼈에 붙어있는 고기로 다양한 요리에 쓰임(○○찜, ○○탕, 양념○○)

3 짜장면, 짬뽕 다음은?

8 차갑지만 겨울에도 맛있는 디저트

9 생강과 계피가 들어간 전통 음료

세로열쇠

2 국물 없이 양념에 비벼먹는 국수

4 한여름에 먹는 커다란 과일

5 고기에 빵가루를 묻혀서 튀기는 바삭한 요리

6 먹은 음식이 잘 소화되지 않아 입으로 나오는 가스

7 치아가 썩었을 때 찾는 병원

8 아침 겸 점심을 이르는 말

① 한글을 실행한 후 실습 파일을 불러와요!

① 한글 NEO(2016) 프로그램을 실행해요.

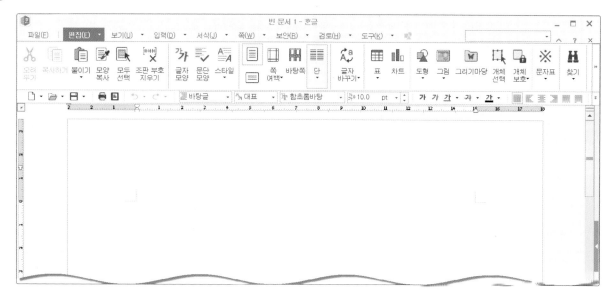

❷ [파일]-[불러오기]를 클릭해요. [불러올 파일]-[Chapter 01_탕수육]-**탕수육.hwp** 파일을 선택하고 <열기>를 클릭해요.

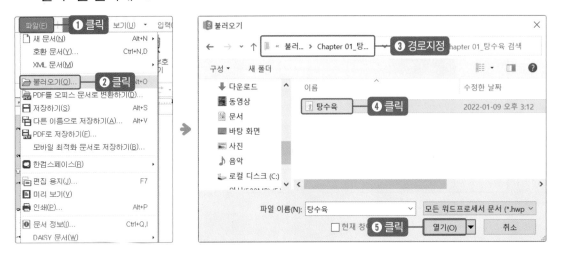

❸ 불러온 파일을 이용하여 한글의 화면 구성을 살펴볼까요? 꼭꼭 필요한 내용으로만 구성했답니다.

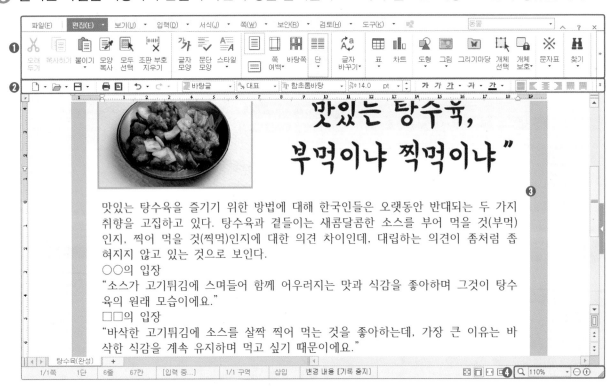

❶ **메뉴** : 한글 프로그램 작업에 필요한 모든 도구들이 들어있어요.
　　　선택된 메뉴에 따라 보이는 도구들이 달라질 거예요.

❷ **서식 도구 상자** : 한글 문서의 가장 기본적인 작업을 빠르게 도와주는 아이콘들이 모여있어요.

❸ **편집창** : 글자나 그림을 넣어 문서를 작업할 수 있는 공간이에요.

❹ **확대/축소** : 작업 중인 문서 화면을 크게 또는 작게 볼 수 있어요.

② Enter 와 Space Bar 를 이용하여 문서를 편집해요!

① 아래 그림과 같은 위치를 클릭하여 커서를 표시하고 Enter 를 눌러 줄 사이의 간격을 띄어보세요.

맛있는 탕수육을 즐기기 위한 방법에 대해
취향을 고집하고 있다. 탕수육과 곁들이는
인지, 찍어 먹을 것(찍먹)인지에 대한 의견
혀지지 않고 있는 것으로 보인다. **① 클릭**
○○의 입장
"소스가 고기튀김에 스며들어 함께 어우러지
육의 원래 모습이에요."

→

맛있는 탕수육을 즐기기 위한 방법에 대해
취향을 고집하고 있다. 탕수육과 곁들이는
인지, 찍어 먹을 것(찍먹)인지에 대한 의견
혀지지 않고 있는 것으로 보인다. **② Enter**
③ 확인
○○의 입장
"소스가 고기튀김에 스며들어 함께 어우러지

② 동일한 방법으로 아래 그림과 같이 줄 사이의 간격을 띄어보세요.

부먹이냐 찍먹이냐 ˝

맛있는 탕수육을 즐기기 위한 방법에 대해 한국인들은 오랫동안 반대되는 두 가지
취향을 고집하고 있다. 탕수육과 곁들이는 새콤달콤한 소스를 부어 먹을 것(부먹)
인지, 찍어 먹을 것(찍먹)인지에 대한 의견 차이인데, 대립하는 의견이 좀처럼 좁
혀지지 않고 있는 것으로 보인다.

○○의 입장
"소스가 고기튀김에 스며들어 함께 어우러지는 맛과 식감을 좋아하며 그것이 탕수
육의 원래 모습이에요."

□□의 입장
"바삭한 고기튀김에 소스를 살짝 찍어 먹는 것을 좋아하는데, 가장 큰 이유는 바
삭한 식감을 계속 유지하며 먹고 싶기 때문이에요."

한편, 탕수육의 부먹과 찍먹 논쟁의 원인을 음식의 △△ 문화에서 시작된 것이라
고 전문가들은 조심스럽게 예측하고 있다. 또한 이 논쟁은 종결될 수 없다는 판단
끝에 끊임없는 연구가필요한부분임을강조하고 있다.

☆☆☆ 기자

❸ 이번에는 단어 사이를 띄어보도록 할게요. 아래 그림과 같은 위치에 커서를 표시하고 Space Bar 를 눌러 간격을 띄어보세요.

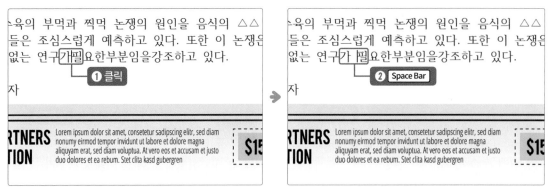

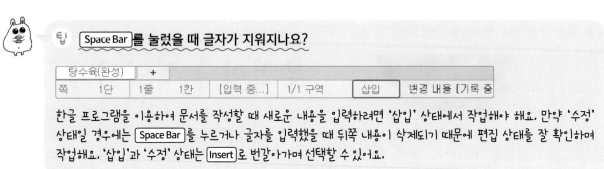

❹ 동일한 방법으로 아래 그림처럼 단어 사이를 띄어봅니다.

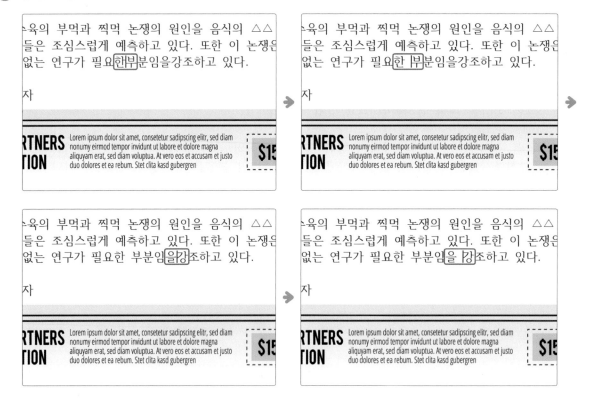

작품을 완성해요

부먹의 입장
"소스가 고기튀김에 스며들어 함께 어우러지는 맛과 식감을 좋아하며 그것이 탕수육의 원래 모습이에요."

찍먹의 입장
"바삭한 고기튀김에 소스를 살짝 찍어 먹는 것을 좋아하는데, 가장 큰 이유는 바삭한 식감을 계속 유지하며 먹고 싶기 때문이에요."

한편, 탕수육의 부먹과 찍먹 논쟁의 원인을 음식의 배달 문화에서 시작된 것이라고 전문가들은 조심스럽게 예측하고 있다. 또한 이 논쟁은 종결될 수 없다는 판단 끝에 끊임없는 연구가 필요한 부분임을 강조하고 있다.

홍길동 기자

❶ ○○, □□, △△ 문자를 삭제한 후 알맞은 내용을 입력하여 문서를 완성해 보세요.
❷ ☆☆☆에는 내 이름을 입력해 보세요.

스스로 만들어요

실습파일 : 탕수육_연습문제.hwp   완성파일 : 탕수육_연습문제(완성).hwp

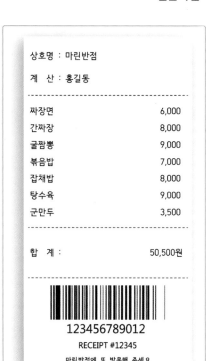

상호명 : 마린반점

계 산 : 홍길동

짜장면	6,000
간짜장	8,000
굴짬뽕	9,000
볶음밥	7,000
잡채밥	8,000
탕수육	9,000
군만두	3,500
합 계 :	50,500원

123456789012
RECEIPT #12345
마린반점에 또 방문해 주세요

❶ 각각의 키가 하는 역할을 읽어보고 문서를 편집해 보세요.
 • Enter : 줄과 줄 사이를 띄어요.
 • Space Bar : 글자 사이를 띄어요.
 • Tab : 글자 사이를 8칸 띄어요.
❷ ○○○가 입력된 부분에 이름을 적어보세요.

02 신이 내린 열매 커피

배 우 는 기 능

★ 입력된 텍스트를 정렬하고 글꼴 서식을 변경해요.
★ 형광펜 기능을 활용하여 중요한 내용을 강조해요.

▶ 실습파일 : 커피.hwp   ▶ 완성파일 : 커피(완성).hwp

완성 작품 미리보기

재미난 음식이야기

사람들은 커피를 언제 처음 접하게 되었을까요? 어느 날 에티오피아의 칼디라는 이름을 가진 목동은 염소들과 붉은 열매를 먹게 되었어요. 그런데 신기하게 머리가 맑아지고 기분이 좋아지는 것을 느낀 칼디는 그것을 다른 사람들에게 소개했지만 악마의 열매라고 부르며 불에 던져버렸다고 해요. 그러나 불 속에 던져진 열매는 은은하고 좋은 향기를 내기 시작했고, 사람들은 검게 볶아진 열매를 갈아서 물에 타먹기 시작한 것이 지금의 '커피'라고 하는 하나의 일화가 있어요.

아래 그림과 똑같은 머그잔을 한 개를 찾아보세요.

1 문서 안에 입력된 모든 글꼴 서식을 변경해요!

1 한글 NEO(2016) 프로그램을 실행하여 [Chapter 02_커피]-**커피.hwp** 파일을 불러와요.

② Ctrl + A 를 눌러 문서의 모든 텍스트를 블록으로 지정해요.

③ 서식 도구 상자에서 원하는 글꼴을 선택한 다음 글자 크기를 **14pt**로 지정해요.

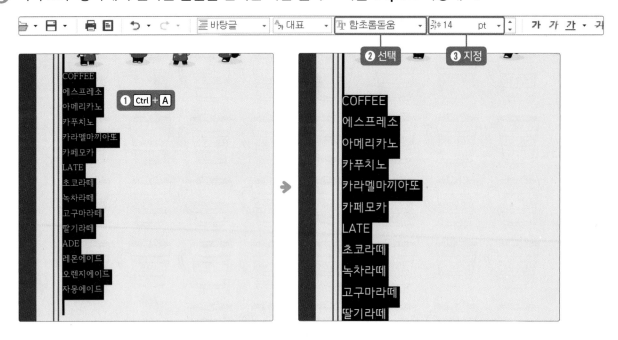

④ 모든 텍스트를 문서의 중앙에 배치하기 위해 서식 도구 상자에서 **가운데 정렬(≡)**을 클릭해요.

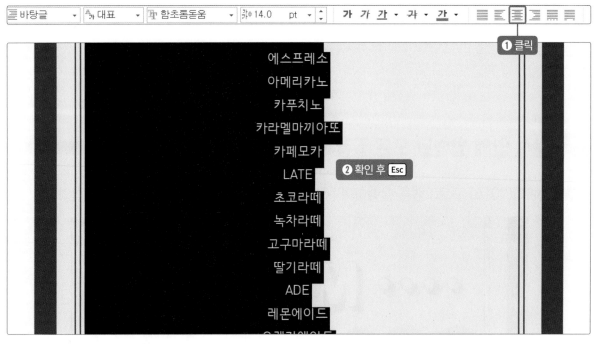

 한글 문서 편집 시 주의하세요!

블록으로 지정된 텍스트는 Esc 를 눌러 블록을 해제한 후 다음 작업을 진행하는 것이 좋아요.

① 메뉴 타이틀의 글꼴 서식을 변경하기 전에 Enter 를 이용하여 아래 그림과 같이 줄을 띄어주세요.

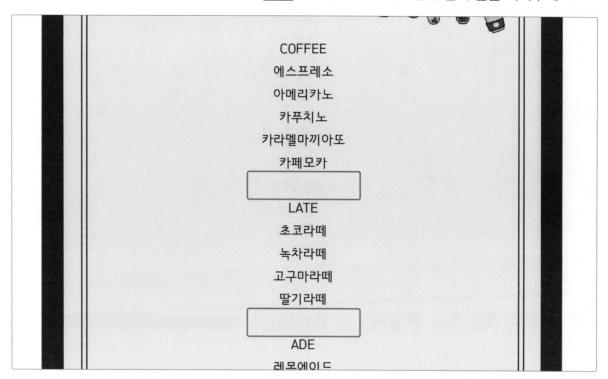

② **COFFEE** 텍스트를 드래그하여 블록으로 지정한 다음 글꼴 서식을 변경해요.

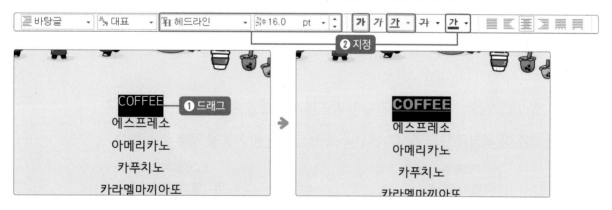

 팁 **글꼴 서식을 변경할 때 참고하세요!**

책을 참고하여 글꼴, 글자 크기, 글꼴 색 등은 친구들이 원하는 서식으로 예쁘게 지정해 보세요. 글꼴 변경 시 [모든 글꼴] 그룹에서 찾으면 전체 글꼴 모양을 선택할 수 있어요. 또한 글꼴 색(가 ·)을 변경할 경우 색상 테마(▶)에서 [다른 색] 을 선택하면 더 많은 색상을 지정할 수 있답니다.

③ 동일한 방법으로 **LATE**, **ADE** 텍스트를 예쁘게 꾸며보세요.

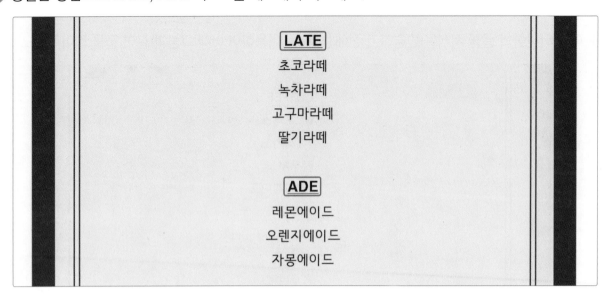

③ 중요한 텍스트는 형광펜으로 표시해요!

① 매장의 인기 메뉴를 형광펜으로 강조하기 위해 [**서식**]-[**형광펜(🖊)**]을 클릭해요.

② 마우스 포인터가 🖊 모양으로 변경되면 강조할 텍스트를 드래그하여 색을 입혀요.

③ 원하는 메뉴에 색상을 모두 칠했다면 [Esc]를 눌러 형광펜 기능을 끝낼 수 있어요.

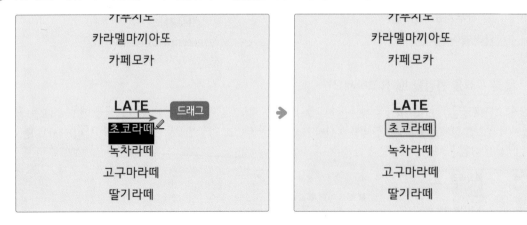

 작품을 완성해요

❶ 문서 안의 그림들을 활용하여 예쁜 메뉴판을 완성해 보세요. 불필요한 그림은 Delete 를 눌러 지울 수 있답니다.

 스스로 만들어요

실습파일 : 커피_연습문제.hwp   완성파일 : 커피_연습문제(완성).hwp

❶ 포스터에 입력된 문구의 텍스트 서식과 정렬을 변경해 보세요.
❷ 컵 안에 입력된 로고의 텍스트 서식과 정렬을 변경해 보세요.

03 약으로 이용되던 탕후루

★ 문서에 입력된 그림을 복사한 다음 회전해요.

★ 그림에 여러 가지 효과를 적용해요.

▶ 실습파일 : 탕후루.hwp   ▶ 완성파일 : 탕후루(완성).hwp

완성 작품 미리보기

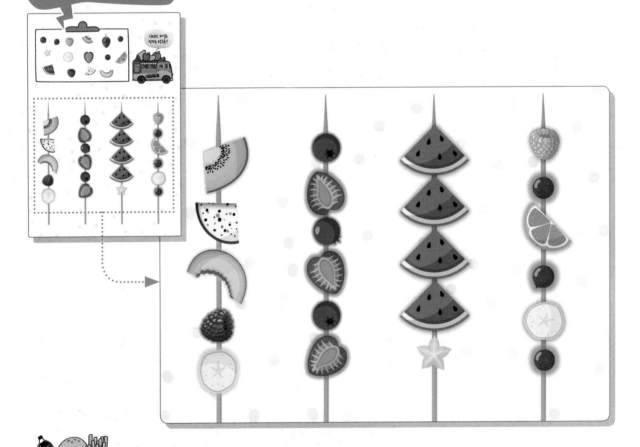

재미난 음식이야기

　　탕후루는 긴 나무 막대에 과일 등을 끼워 달콤한 시럽을 바른 뒤 딱딱하게 굳게 만드는 중국의 대표 전통 간식이에요. 지금은 딸기, 포도, 키위 등 다양한 과일을 끼워서 만들지만 사실 소화를 돕는 데 큰 역할을 하는 산사열매를 끼워 만든 것이 중국식 탕후루의 모습이지요. 중국 송나라 시대에 아무리 치료를 해도 낫지 않는 병에 걸린 황귀비가 설탕에 절여진 산사열매를 먹고 병을 완치했다는 소식을 들은 백성들이 산사열매를 긴 나무에 엮어 팔기 시작하면서 탕후루가 탄생했어요.

과일의 단면을 확인한 다음 사다리타기 게임을 통해 빈 칸에 알맞은 과일의 이름을 적어보세요.

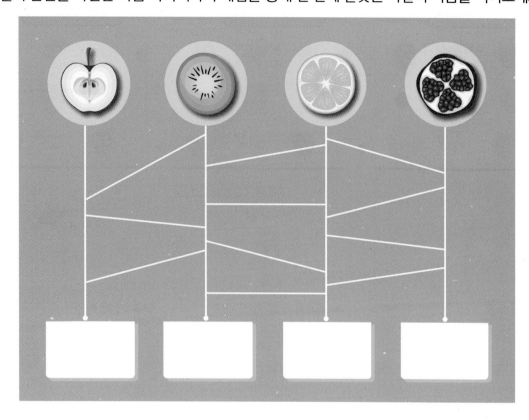

1 문서 안에 입력된 그림을 자유롭게 복사해요!

① 한글 NEO(2016) 프로그램을 실행하여 [Chapter 03_탕후루]-**탕후루.hwp** 파일을 불러와요.

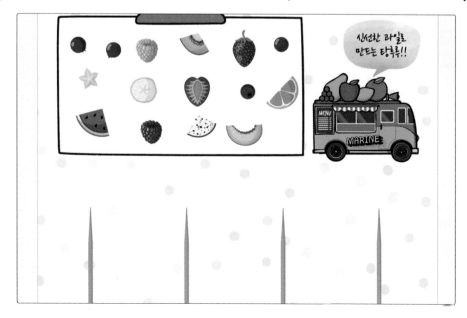

❷ 비어있는 나무 막대에 과일들을 꽂아 탕후루를 만들어 볼거예요. Ctrl을 누른 채 키위를 드래그하여 다음과 같이 **복사**해요.

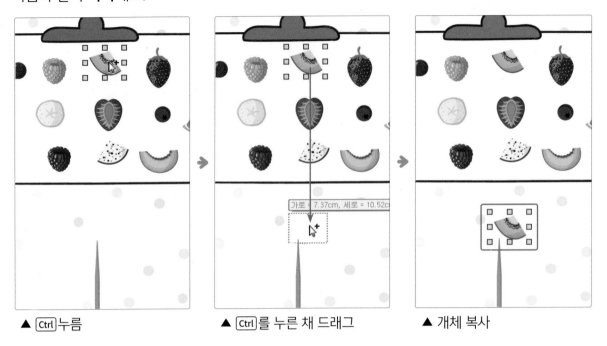

▲ Ctrl 누름　　　　　▲ Ctrl를 누른 채 드래그　　　　　▲ 개체 복사

❸ **조절점(□)**을 드래그하여 복사된 키위의 크기를 조절한 다음 **첫 번째 나무 막대**로 위치를 이동시켜요. 똑같은 방법으로 첫 번째 나무 막대에 맛있는 과일들을 배치해 보세요.

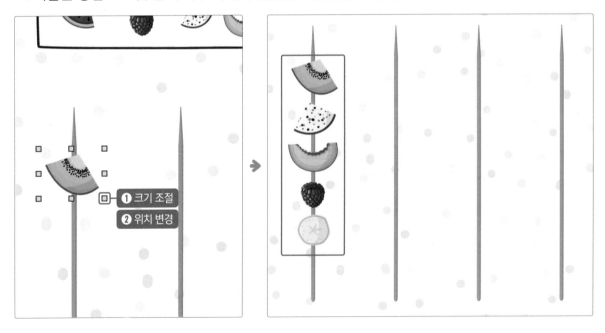

 팁 **그림이나 도형 등의 개체를 복사해요!**

・ Ctrl 을 누른 채 개체를 드래그하면 원하는 위치에 복사할 수 있어요.

・ Ctrl + Shift 를 누른 채 개체를 드래그하면 수직/수평으로 반듯하게 복사할 수 있어요.

2 그림을 회전해요!

① 키위를 선택한 다음 [그림]-[회전] → **[개체 회전(⊙)]**을 클릭해요.

② 조절점이 ⊙ 모양으로 변경되면 원하는 방향으로 드래그하여 그림을 **회전**할 수 있어요.

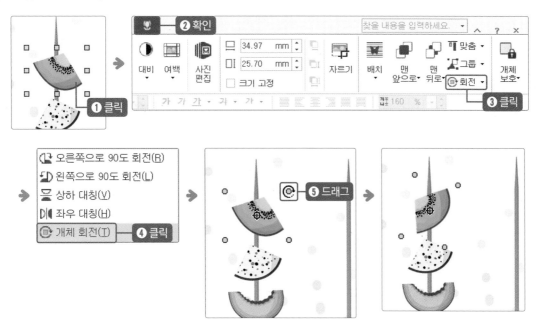

③ 똑같은 방법으로 나머지 과일도 회전한 다음 크기와 위치도 함께 조절해 주세요.

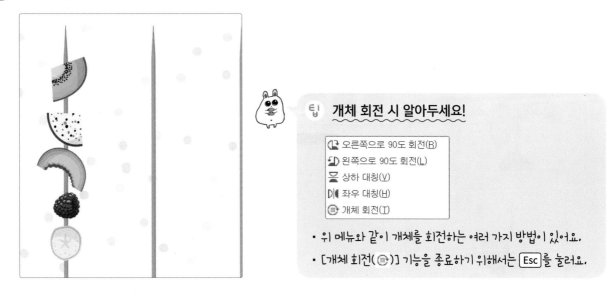

탑 개체 회전 시 알아두세요!

⟲ 오른쪽으로 90도 회전(R)
⟳ 왼쪽으로 90도 회전(L)
㑊 상하 대칭(V)
◐ 좌우 대칭(H)
⊙ 개체 회전(T)

• 위 메뉴와 같이 개체를 회전하는 여러 가지 방법이 있어요.
• [개체 회전(⊙)] 기능을 종료하기 위해서는 Esc 를 눌러요.

③ 그림에 효과를 적용해요!

① 키위를 더블 클릭한 다음 **[네온]**에서 원하는 색상을 선택해요.

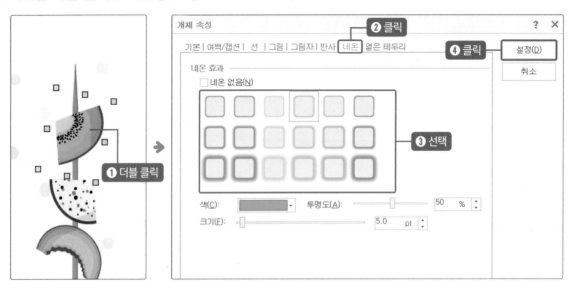

② 원하는 과일을 더블 클릭한 다음 **[그림자]**에서 원하는 그림자를 선택해요.

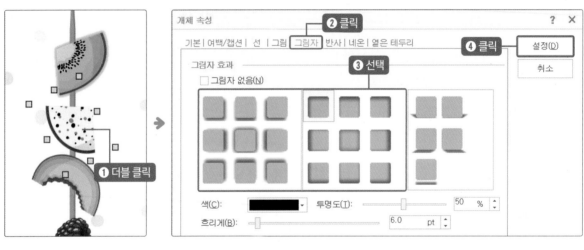

 팁 참고해 주세요!

- 한글 NEO(2016)에서는 도형에 [그림자], [반사], [네온], [옅은 테두리] 등의 효과를 적용할 수 없어요.
- 그림에 효과가 적용되면 그림의 위치가 조금씩 이동될 수 있어요.

작품을 완성해요

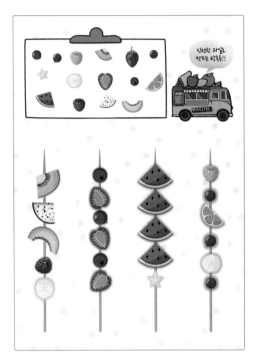

① 배운 기능을 활용하여 나머지 탕후루를 완성해 보세요.

스스로 만들어요

실습파일 : 탕후루_연습문제.hwp   완성파일 : 탕후루_연습문제(완성).hwp

① 접시 위의 탕후루 그림에 그림자 효과를 적용해 보세요.
② 탕후루를 복사한 다음 회전 기능을 이용하여 접시 위에 예쁘게 배치해 보세요.

배 우 는 기 능

★ 표의 서식을 변경해요.
★ 표 안에 입력된 텍스트의 서식을 변경해요.

▶ 실습파일 : 떡.hwp ▶ 완성파일 : 떡(완성).hwp

완성 작품 미리보기

재미있는 퀴즈! 십자말 풀이

세로 열쇠

1. 우리 나라 명절 중 음력 8월 보름인 추석을 이렇게 부르기도 해요.
3. 꿀이 들어가 있는 작은 타원형 모양의 떡으로, 색상도 아주 다양해요.
5. 흰색의 포슬포슬한 질감의 떡이에요. 따뜻할 때 먹으면 정말 맛있어요.
7. 상을 차리기 전에 식탁을 닦는 데 사용하는 천을 말해요.
9. 쑥을 넣어 만든 떡으로, 녹색 빛깔을 띠고 있어요.
11. 팥, 콩, 밤 등을 넣고 만드는 떡으로 주로 추석 때 만들어 먹어요.
14. 작고 네모난 떡으로 쫄깃한 식감이 일품이며 콩고물이 묻어 있어요.

가로 열쇠

2. 가는 원통형으로 길게 뽑아내는 떡이며, 주로 떡국의 재료로 사용해요.
4. 좋아하는 친구에게 솔직하게 마음을 표현하는 방법이에요.
6. 날개가 달려있어 하늘을 날면서 이동할 수 있는 교통 수단이에요.
8. 쌀가루와 팥을 섞어 시루에 쪄낸 떡이에요.
10. 미안하다는 말 대신 어른에게 정중하게 쓰는 말이에요.
12. 컴퓨터와 핸드폰이 없던 시절에는 안부나 소식을 이것으로 전달했어요.
13. 다른 나라 사람을 뜻해요.
15. 높은 곳에서 땅으로 순식간에 내려오는 놀이기구로, 놀이터에 있어요.

재미난 음식이야기

신라 시대에는 하얀 떡을 물어 치아 자국이 많이 남는 사람을 왕(임금)으로 뽑는 황당한 방법이 있었어요. 그 이유는 무엇 때문이었을까요? 고대에는 먹는 것이 거칠고 위생적이지 못했기에 이가 많이 닳거나 쉽게 빠지던 시기였어요. 그렇기 때문에 이가 많으면 부드러운 음식을 먹는 양반 집 가문이라고 여겨 덕망이 높고 지혜가 많은 사람으로 생각했기 때문이라고 해요. 또한 남은 치아의 숫자로 그 사람의 건강과 능력을 평가하기도 했답니다.

창의 놀이터

끝말잇기를 통해 단어를 완성해 보세요.

---

1 표의 채우기 서식을 변경해요!

① 한글 NEO(2016) 프로그램을 실행하여 [Chapter 04_떡]-**떡.hwp** 파일을 불러와요.

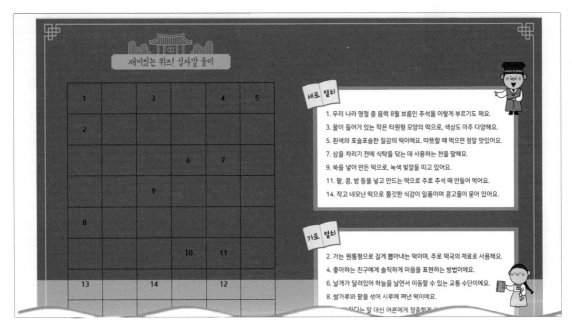

② 임의의 셀을 클릭한 다음 F5 를 **세 번** 눌러 모든 셀을 선택해요.

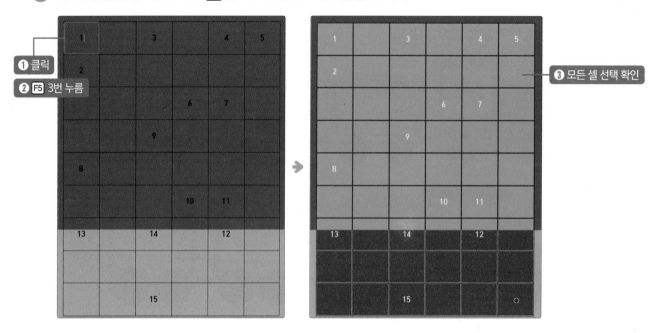

③ C 를 눌러 면 색을 **흰색 계열**로 선택해요.

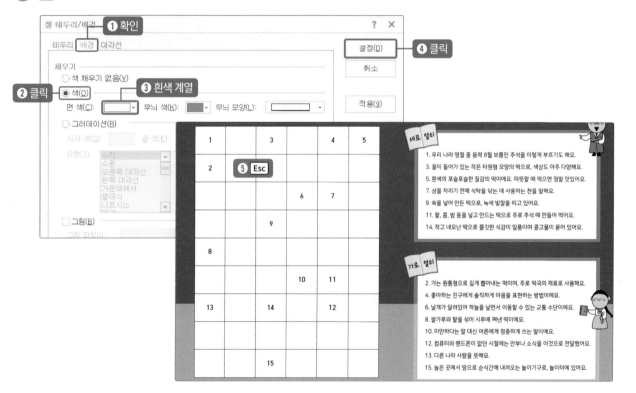

 팁 **표에 지정한 색상을 확인해 볼까요?**

Esc 를 눌러 표 안쪽의 모든 셀 선택을 해제한 후 표에 적용된 서식(면 색, 테두리, 무늬 등)을 확인할 수 있어요.

② 표의 테두리 서식을 변경해요!

❶ 표 안쪽 셀을 클릭한 다음 F5 를 **세 번** 눌러 모든 셀을 선택해요.

❷ L 을 눌러 **파선**(— — —), **안쪽**(⊞)을 지정해요.

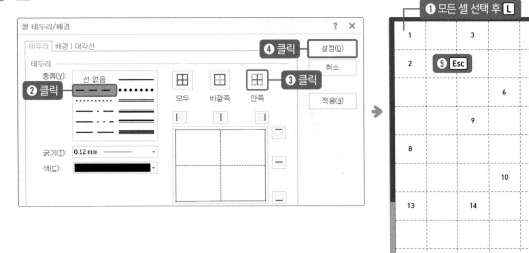

❸ 표 안쪽에서 F5 를 **세 번** 눌러 모든 셀을 선택한 다음 L 을 눌러 **얇고 굵은 이중선**(══), **바깥쪽**(⊟)을 지정해요.

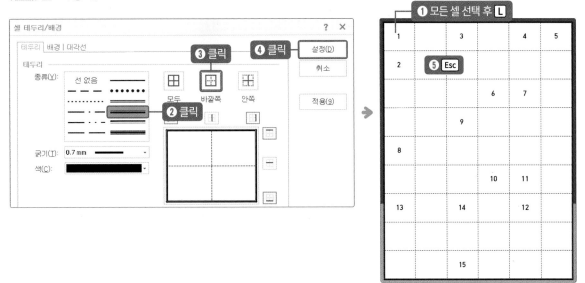

팁 표 안쪽 셀은 이렇게 선택해요!
- 마우스로 표 안쪽 셀을 원하는만큼 드래그하여 선택할 수 있어요.
- 특정 셀이 선택된 상태에서 F5 를 두 번 누른 다음 방향키를 이용하여 원하는 셀들을 선택할 수 있어요.
- 특정 셀이 선택된 상태에서 F5 를 세 번 눌러 전체 셀을 선택할 수 있어요.

③ 표에 입력된 텍스트를 정렬해요!

① 표의 테두리를 선택한 다음 [표]-[내용 정렬(▤)] → **[셀 정렬]-[셀 양쪽 위 정렬(▤)]**을 클릭해요.

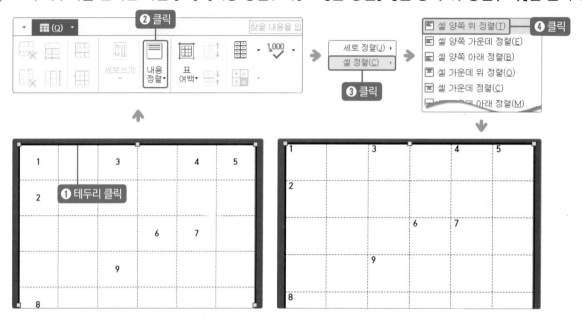

② 실습파일(떡.hwp)의 세로 열쇠와 가로 열쇠를 참고하여 십자말 풀이의 정답을 연필로 적어보세요.

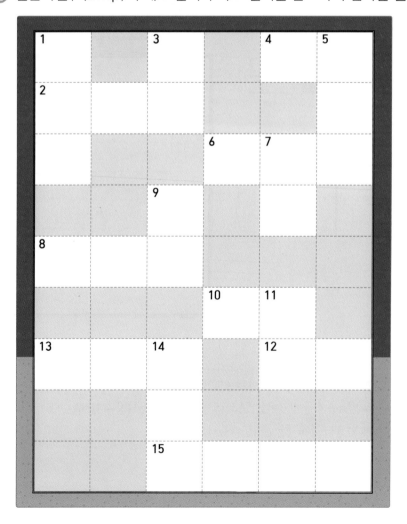

작품을 완성해요

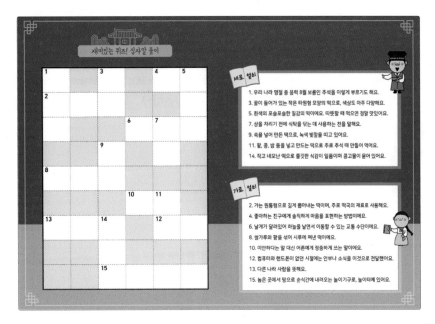

① 왼쪽 표(❷번)를 참고하여 색 채우기가 필요한 셀을 선택한 다음 [표]−[셀 배경 색(🎨▾)]을 이용하여 원하는 색을 채워보세요. 단, 정답을 적어야 하는 곳은 흰색 칸으로 유지합니다.

스스로 만들어요

실습파일 : 떡_연습문제.hwp   완성파일 : 떡_연습문제(완성).hwp

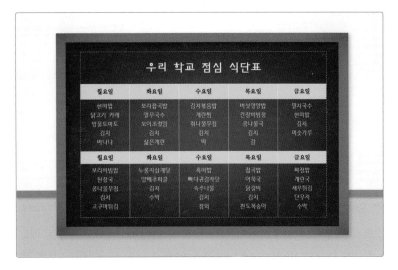

① 표 안에 입력된 내용의 글꼴 서식을 자유롭게 변경해 보세요.

② 표의 테두리와 채우기 서식을 자유롭게 변경해 보세요.

05 월급 대신 소금

배 우 는 기 능

★ 글맵시를 삽입해요.
★ 다양한 글머리표를 표시해요.

▶ 실습파일 : 소금.hwp ▶ 완성파일 : 소금(완성).hwp

완성 작품 미리보기

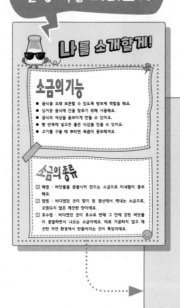

소금의 기능

■ 음식을 오래 보존할 수 있도록 방부제 역할을 해요.
■ 싱거운 음식에 간을 맞추기 위해 사용해요.
■ 음식의 색상을 돋보이게 만들 수 있어요.
■ 빵 반죽에 넣으면 좋은 식감을 얻을 수 있어요.
■ 고기를 구울 때 뿌리면 육즙이 풍부해져요.

소금의 종류

재미난 음식이야기

아주 오래전 고대 로마의 병사들은 열심히 일한 대가로 월급을 '소금'으로 받았대요. 오늘날의 소금은 음식을 만들 때 쉽게 사용되는 조미료에 그치지만, 그 당시에 소금은 화폐 대신 사용될 정도로 매우 귀한 식품이었어요. 장시간 음식을 상하지 않게 도와주는 소금은 전쟁이 자주 일어나던 시기에 꼭 필요했지요. 오랜 시간 전쟁터에서 먹을 생선이나 고기를 소금에 절여 가져가곤 했으니까요! 하지만 소금을 채취하거나 운반하는 방법이 매우 어려웠기 때문에 소금이 굉장히 귀했다고 합니다.

창의 놀이터

제시된 소금 관련 단어를 찾아보고, 새롭게 찾은 단어가 있다면 친구들과 비교해 보세요!

▶ 미네랄, 양념, 고기, 바다, 해염, 보석, 조미료, 천일염, 생선, 설탕, 후추

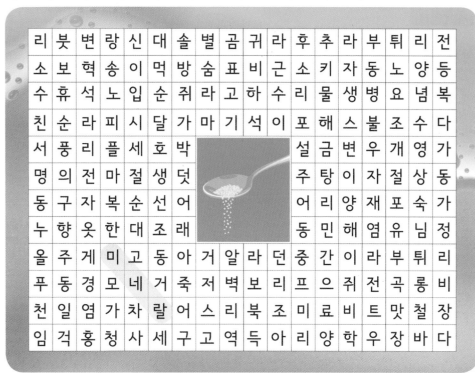

리	붓	변	랑	신	대	솔	별	곰	귀	라	후	추	라	부	튀	리	전
소	보	혁	송	이	먹	방	숨	표	비	근	소	키	자	동	노	양	등
수	휴	석	노	입	순	쥐	라	고	하	수	리	물	생	병	요	념	복
친	순	라	피	시	달	가	마	기	석	이	포	해	스	불	조	수	다
서	풍	리	플	세	호	박				설	금	변	우	개	영	가
명	의	전	마	절	생	덧				주	탕	이	자	절	상	동
동	구	자	복	순	선	어				어	리	양	재	포	숙	가
누	향	옷	한	대	조	래				동	민	해	염	유	님	정
올	주	게	미	고	동	아	거	알	라	던	중	간	이	라	부	튀	리
푸	동	경	모	네	거	죽	저	벽	보	리	프	으	쥐	전	곡	롱	비
천	일	염	가	차	랄	어	스	리	북	조	미	료	비	트	맛	철	장
임	걱	홍	청	사	세	구	고	역	득	아	리	양	학	우	장	바	다

① 글맵시를 삽입해요!

① 한글 NEO(2016) 프로그램을 실행하여 [Chapter 05_소금]-**소금.hwp** 파일을 불러와요.

소금의 기능
음식을 오래 보존할 수 있도록 방부제 역할을 해요.
싱거운 음식에 간을 맞추기 위해 사용해요.
음식의 색상을 돋보이게 만들 수 있어요.
빵 반죽에 넣으면 좋은 식감을 얻을 수 있어요.
고기를 구울 때 뿌리면 육즙이 풍부해져요.

소금의 종류
해염 : 바닷물을 증발시켜 만드는 소금으로 미네랄이 풍부해요.

② **소금의 기능**을 블록으로 지정한 다음 **[입력]-[글맵시( )]**에서 원하는 모양을 선택해요.

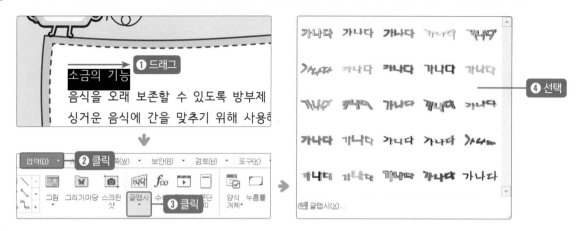

③ 아래와 같은 대화상자가 나오면 <설정>을 클릭해요.

④ 입력된 글맵시를 더블 클릭한 다음 **글자처럼 취급**을 지정해요.

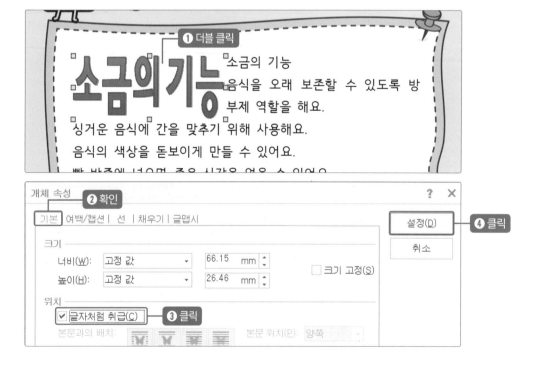

⑤ '글자처럼 취급'을 지정했더니 문서의 내용이 아래쪽으로 밀린 것을 확인할 수 있어요.

⑥ 다음은 글맵시 뒤쪽의 **소금의 기능**을 **삭제**해 보세요.

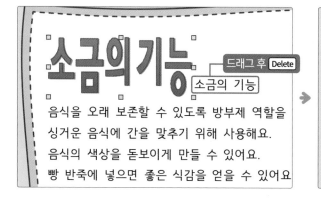

팁 '글자처럼 취급'을 왜 사용하나요?

한글에서 문서를 작성할 때 글맵시, 도형, 그림 등의 개체를 어떤 방식으로 문서에 적용할 것인가를 선택하기 위한 기능이에요. '글자처럼 취급'을 선택하면 개체가 단순한 글자로 인식이 되어 [Enter], [Space Bar] 등으로 제어가 가능하기 때문에 편리하답니다.

2 글머리표를 표시해요!

① 소금의 기능 아래쪽의 내용을 드래그하여 블록으로 지정해요.

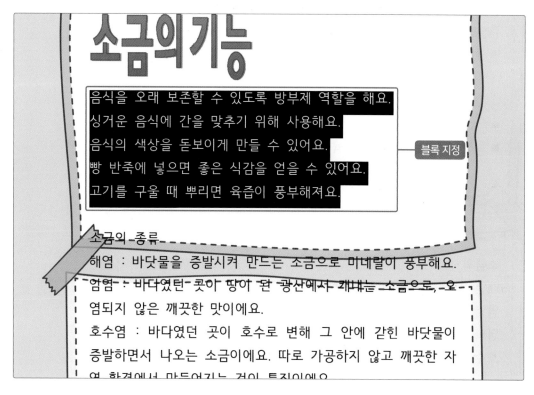

❷ [서식]-[글머리표(☰)]를 클릭한 다음 원하는 모양을 선택해요.

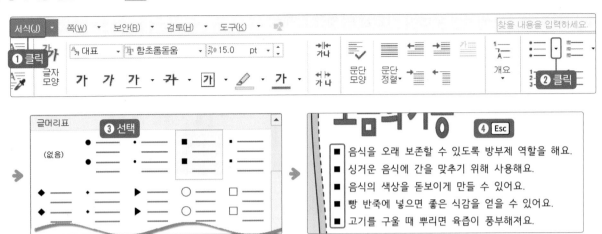

❸ 보기 좋은 문서를 만들기 위해 문단 사이의 비어있는 줄을 클릭한 다음 Enter를 **세 번** 눌러 줄 사이 간격을 띄어주세요.

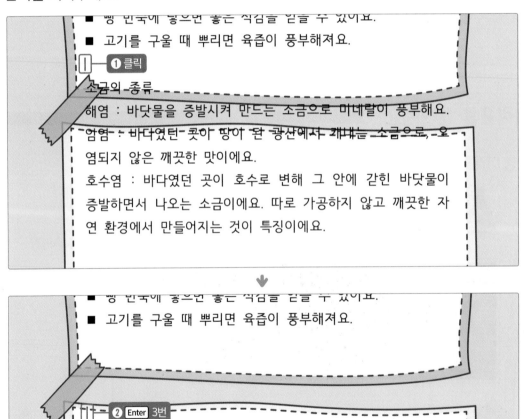

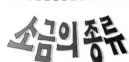

☒ 해염 : 바닷물을 증발시켜 만드는 소금으로 미네랄이 풍부해요.

☒ 암염 : 바다였던 곳이 땅이 된 광산에서 캐내는 소금으로, 오염되지 않은 깨끗한 맛이에요.

☒ 호수염 : 바다였던 곳이 호수로 변해 그 안에 갇힌 바닷물이 증발하면서 나오는 소금이에요. 따로 가공하지 않고 깨끗한 자연 환경에서 만들어지는 것이 특징이에요.

❶ 두 번째 문단의 제목(소금의 종류)을 글맵시로 입력한 다음 '글자처럼 취급'을 지정해요. 불필요한 글맵시 뒤쪽 '소금의 종류' 텍스트는 삭제해요.

❷ 두 번째 문단의 내용을 블록으로 지정하고 [서식]-[그림 글머리표(☰ ▾)]를 표시해 보세요.

❸ 완성된 문서의 내용이 많아 다음 페이지로 넘어가면 '소금의 종류' 글맵시의 조절점을 이용하여 크기를 줄여주세요.

실습파일 : 소금_연습문제.hwp 완성파일 : 소금_연습문제(완성).hwp

음식에 풍미를 더하는 향신료의 종류

✓ 계피 : 계피 나무의 껍질을 말린 것으로 갈색빛을 띄고, 단맛이 나는 요리 또는 따뜻한 음료와 잘 어울린다.
✓ 후추 : 가장 많이 사용되는 향신료 중 하나이며, 음식의 잡내를 제거할 수 있다.
✓ 겨자 : 씹으면 톡 쏘는 맛을 내는 향신료로 미국에서 많이 사용한다.
✓ 사프란 : 무게당 금액이 금 값과 비슷할 정도로 매우 비싼 향신료이지만 맛은 밍밍하다는 특징이 있다.
✓ 강황 : 노화 방지에 탁월한 효능을 가지고 있으며, 카레에 들어가 노란빛을 띈다.
✓ 생강 : 매운맛과 향긋한 냄새를 동시에 느낄 수 있다.

❶ 제목 텍스트를 원하는 글맵시로 변환한 다음 글자처럼 취급으로 지정해요.

❷ 기존에 입력된 텍스트를 삭제한 다음 글맵시를 가운데로 정렬해 보세요.

❸ 입력된 내용에 원하는 글머리표를 지정해 보세요.

06 김씨가 만들어 탄생한 김

★ 여러 개의 개체를 드래그하여 한 번에 선택해 보아요.
★ 오려 두기 기능을 활용하여 텍스트를 원하는 곳에 붙여넣어요.

▶ 실습파일 : 김.hwp　　▶ 완성파일 : 김(완성).hwp

완성 작품 미리보기

재미난 음식이야기

　　남녀노소 누구나 좋아하는 '김'은 반찬으로 가장 무난하고 평범하게 즐길 수 있는 식품이지요. 처음에는 바닷가의 바위에 붙은 김을 뜯어 해초와 같은 형태였지만, 1640년경 전남 광양에 사는 김여익이라는 사람이 최초로 김 양식에 성공하면서 지금 모습과 유사한 김의 모습이 되었어요. 어느 날, 왕이 김을 먹은 후 이 음식의 이름을 묻자 "광양에 사는 '김'씨가 만들었습니다."라고 신하가 대답했고, 이후 음식의 이름은 '김'이 되었답니다.

아래 음식의 패턴을 분석하여 빈 칸에 들어갈 값을 찾아보세요.

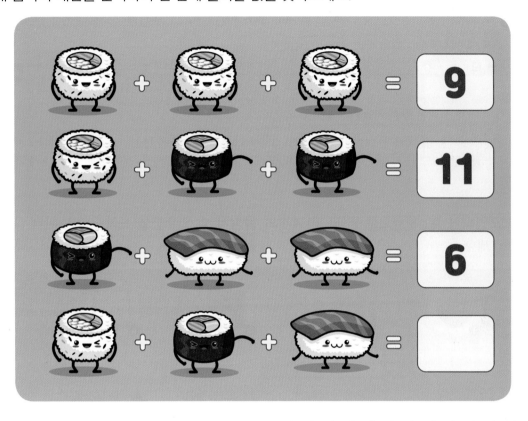

1 입력된 글상자 박스를 보기 좋게 정렬해요!

❶ 한글 NEO(2016) 프로그램을 실행하여 [Chapter 06_김]-**김.hwp** 파일을 불러와요.

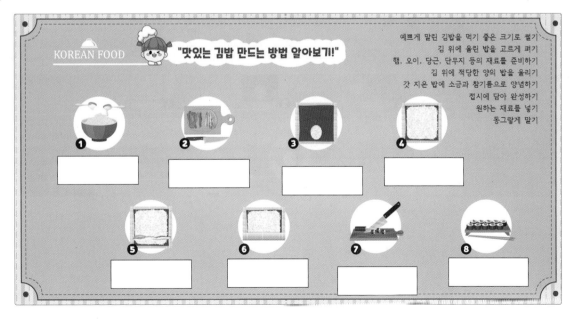

② 삐뚤빼뚤 배치된 흰색 글상자 박스를 예쁘게 정렬하기 위해 **[편집]-[개체 선택( )]**을 클릭해요.

팁 **개체 선택은 무슨 기능인가요?**

한글은 글자를 입력하고 편집하기에 알맞은 프로그램이에요. 그렇기 때문에 많은 양의 글자를 선택하여 작업하기에는
편리하지만, '도형'이나 '그림' 등의 여러 가지 개체를 한 번에 선택하기 위해서는 '개체 선택' 기능을 사용해야 해요.

③ 마우스 포인터가 모양으로 변경되면 **4개의 글상자** 박스 주변을 드래그하여 아래 그림과 같이
선택해 주세요.

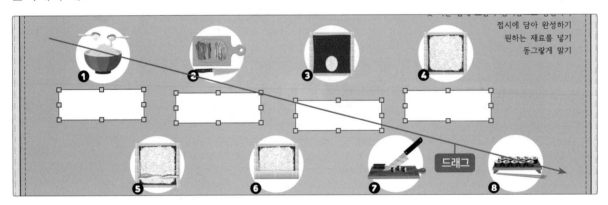

④ **[도형]-[맞춤( )]** → **[중간 맞춤( )]**을 클릭해요.

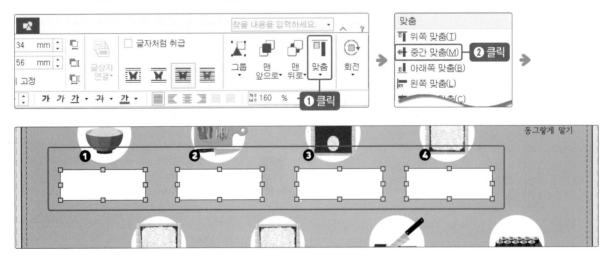

38

⑤ 이번에는 가로 간격을 맞추기 위해 [맞춤(▣)] → [가로 간격을 동일하게(▥)]를 클릭해요.

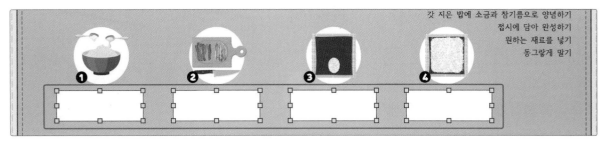

⑥ 똑같은 방법으로 아래 **4개의 글상자** 박스를 **정렬**해 보세요.

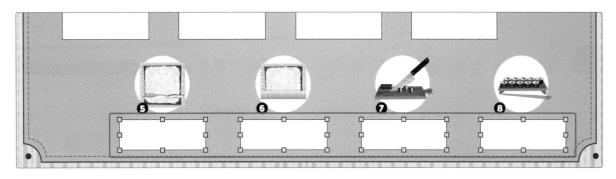

② 입력된 글상자 박스의 서식을 변경해요!

① [편집]-[개체 선택(▣)] 기능을 이용하여 **8개의 글상자** 박스를 모두 선택한 다음 **첫 번째 박스**를 더블 클릭해요.

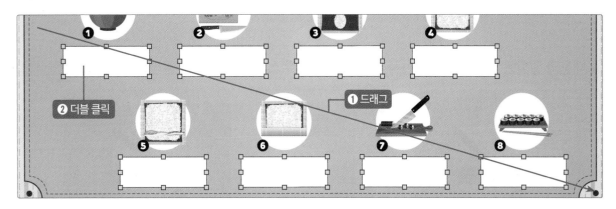

② 아래 그림을 참고하여 서식을 변경한 다음 <설정>을 클릭해요.

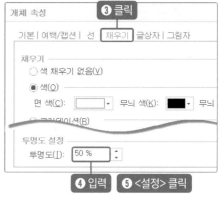

③ Esc 를 눌러 개체 선택 상태를 해제하세요.

---

3 텍스트를 오려 두기 하여 원하는 곳에 붙여요!

① 문서 오른쪽 상단의 **첫 번째 줄** 내용을 블록으로 지정해요. 마우스 오른쪽 버튼을 눌러 **[오려 두기]**를 클릭해요.

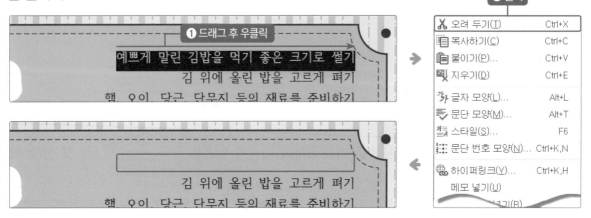

② 내용과 알맞은 **7번 그림**의 글상자 박스 안에서 마우스 오른쪽 버튼을 눌러 **[붙이기]**를 선택해요.

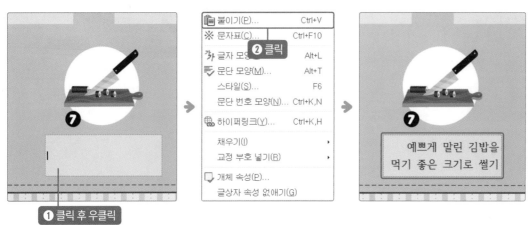

40

실력! 뿜뿜

작품을 완성해요

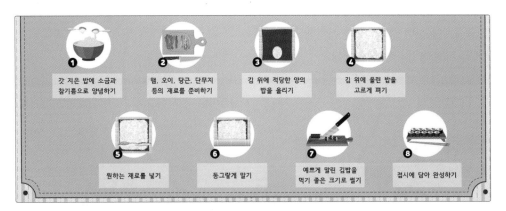

- ① 갓 지은 밥에 소금과 참기름으로 양념하기
- ② 햄, 오이, 당근, 단무지 등의 재료를 준비하기
- ③ 김 위에 적당한 양의 밥을 올리기
- ④ 김 위에 올린 밥을 고르게 펴기
- ⑤ 원하는 재료를 넣기
- ⑥ 동그랗게 말기
- ⑦ 예쁘게 말린 김밥을 먹기 좋은 크기로 썰기
- ⑧ 접시에 담아 완성하기

① 텍스트를 오려 두기 한 다음 알맞은 그림 위치에 붙여넣어 보세요.

② 붙여넣은 텍스트를 가운데로 정렬한 다음 글꼴 서식을 자유롭게 변경해 보세요. '개체 선택'을 이용하면 여러 개의 글상자를 한 번에 선택하여 서식을 변경할 수 있어요!

스스로 만들어요

실습파일 : 김_연습문제.hwp　　완성파일 : 김_연습문제(완성).hwp

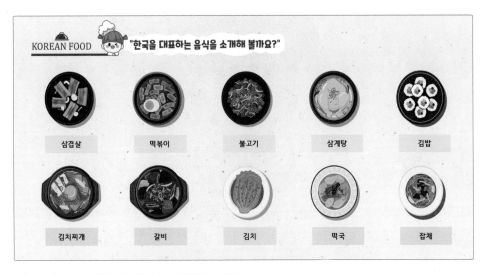

KOREAN FOOD　"한국을 대표하는 음식을 소개해 볼까요?"

삼겹살　떡볶이　불고기　삼계탕　김밥

김치찌개　갈비　김치　떡국　잡채

① 개체 선택을 이용하여 글상자를 선택해 보세요.

② '중간 맞춤'과 '가로 간격 동일하게'를 지정하여 글상자를 보기 좋게 정렬해 보세요.

③ 글상자의 서식을 자유롭게 변경해 보세요.

07 홧김에 탄생한 감자칩

배 우 는 기 능

★ 그리기마당을 이용하여 클립아트를 삽입해요.
★ 개체 풀기와 개체 묶기 기능을 활용해요.

▶ 실습파일 : 감자칩.hwp   ▶ 완성파일 : 감자칩(완성).hwp

완성 작품 미리보기

재미난 음식이야기

어느 날 뉴욕의 작은 레스토랑을 방문한 손님은 "감자튀김이 너무 두껍고 제대로 익지 않았다."고 불평을 했어요. 그러자 화가 난 레스토랑 주인은 손님이 포크로 감자를 집을 수 없을 정도로 아주 얇게 썰어 준비했고, 이것으로도 분이 풀리지 않자 소금까지 양껏 뿌려 손님에게 제공했어요. 먹을 수 없는 음식이라며 화를 내야 할 손님은 오히려 너무 맛있다며 추가 주문을 했고 주인은 이것을 메뉴로 탄생시켰지요.

에도쿠 게임 규칙을 읽어보고 표 안에 들어갈 감자의 표정을 그려보세요.

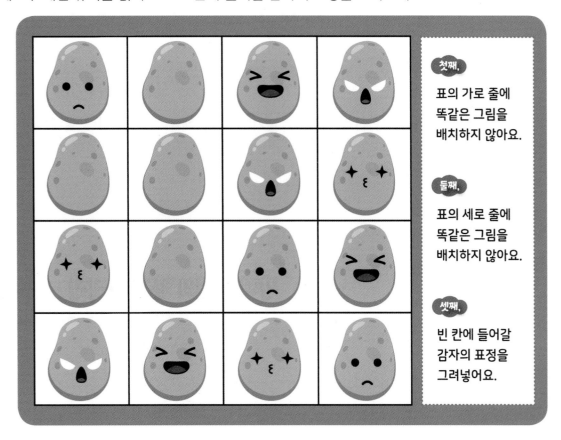

첫째,

표의 가로 줄에 똑같은 그림을 배치하지 않아요.

둘째,

표의 세로 줄에 똑같은 그림을 배치하지 않아요.

셋째,

빈 칸에 들어갈 감자의 표정을 그려넣어요.

---

1 그리기마당을 이용하여 클립아트를 넣어요!

① 한글 NEO(2016) 프로그램을 실행하여 [Chapter 07_감자칩]-**감자칩.hwp** 파일을 불러와요.

② [입력]-[그리기마당()]을 클릭해요.

③ **감자**를 검색하여 감자 이미지를 선택한 다음 <넣기>를 클릭해요. 문서의 **빈 곳을 클릭**하여 감자 클립아트를 넣을 수 있어요.

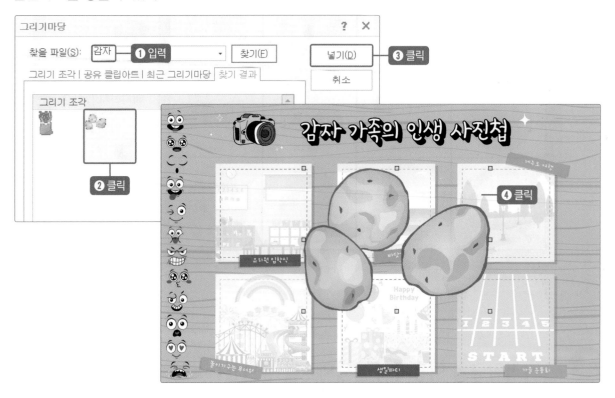

2 개체를 풀고 그림을 꾸며요!

① 입력된 클립아트 위에서 마우스 오른쪽 버튼을 눌러 **[개체 풀기]**를 클릭해요.

❷ Esc를 눌러 모든 선택을 해제한 다음 마우스로 드래그 하여 세 개의 감자를 떨어뜨려 주세요.

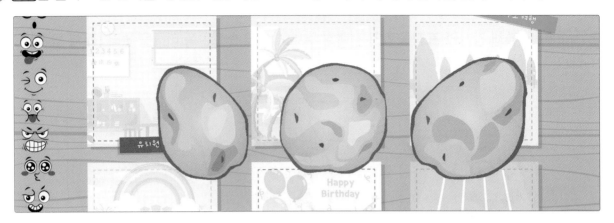

❸ 첫 번째 감자를 선택한 다음 [그림]-[회전] → **[개체 회전(⟳)]**을 이용하여 감자를 **회전**해 보세요.

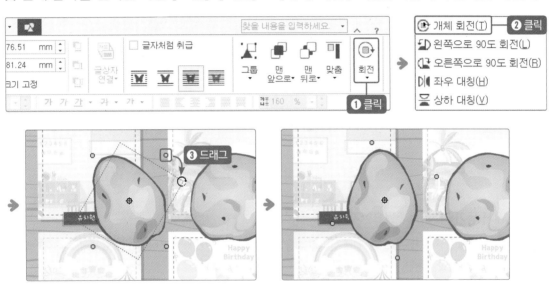

❹ 감자 위에서 마우스 오른쪽 버튼을 눌러 **[순서]-[맨 뒤로]**를 선택해요. 그다음 문서 왼쪽의 여러가지 표정 중에서 **원하는 표정**을 드래그하여 감자를 꾸며보세요.

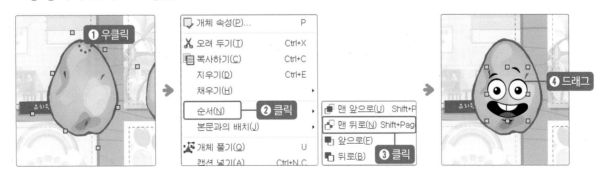

③ 개체를 묶은 후 크기 및 위치를 조절해요!

❶ [Shift]를 누른 채 **감자와 표정**을 각각 선택해 주세요. 마우스 오른쪽 버튼을 눌러 **[개체 묶기]**를 클릭해요.

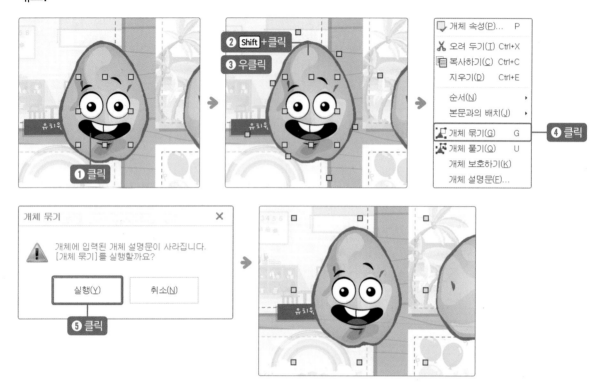

[팁] 개체 묶기 과정이 왜 필요한가요?

여러 개의 개체(그림, 도형 등)를 한 번에 선택한 다음 '개체 묶기'를 실행하면 하나의 개체로 인식되기 때문에 크기나 위치를 조절할 때 편리해요!

❷ 첫 번째 감자의 **크기 및 위치**를 조절해 보세요. [Shift]를 누른 채 조절점을 드래그하면 비율에 맞추어 크기를 조절할 수 있어요.

① 감자 클립아트를 이용하여 재미난 앨범 사진을 완성해 보세요.

 스스로 만들어요

실습파일 : 감자칩_연습문제.hwp   완성파일 : 감자칩_연습문제(완성).hwp

① 원하는 클립아트를 입력한 다음 [순서]-[맨 뒤로]를 적용해요.

② 문서 왼쪽의 다양한 그림을 이용하여 재미있는 표정을 완성해 보세요. 필요에 따라 그룹을 해제
하도록 해요.

③ 완성된 그림을 그룹으로 지정한 다음 불필요한 표정을 모두 지워주세요.

퀴즈를 풀어보면서 지금까지 배운 내용을 정리해요.

1 한글 문서 작업을 빠르게 도와주기 위해 자주 사용되는 아이콘들을 모아 놓은 곳은 어디일까요?

① 서식 도구 상자 　　② 편집창 　　③ 표 　　④ 형광펜

2 그림이나 도형을 자유롭게 복사하기 위한 방법으로 알맞은 것은 무엇일까요?

① Ctrl + Shift + 클릭 　　② Ctrl + 드래그 　　③ Alt + 클릭 　　④ Shift + 드래그

3 두 개 이상의 개체를 하나의 개체로 합쳐서 관리할 수 있는 기능은 무엇일까요?

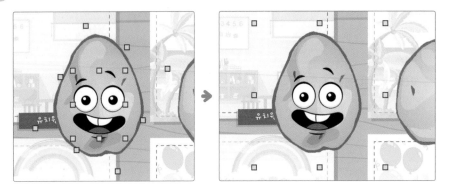

① 개체 선택 　　② 개체 풀기 　　③ 개체 묶기 　　④ 개체 속성

4 신라 시대에 이것을 물어 치아 자국이 많이 남는 사람을 왕으로 뽑았다고 하지요. 이것은 무엇일까요?

5 우리가 즐겨 먹는 네모난 모양의 김을 처음으로 만들기 시작했던 사람의 이름을 적어보세요.

아래 작업 순서를 참고하여 문서를 완성해요.

실습파일 : 8_연습문제.hwp   완성파일 : 8_연습문제(완성).hwp

 팁 **개체를 세밀하게 이동해요!**

그림이나 도형 개체의 위치를 세밀하게 이동하고자 할 때는 키보드의 방향키(←, →, ↑, ↓)를 이용하면 편리해요.

작업 순서

❶ '내용을 입력하세요'의 텍스트를 삭제한 다음 원하는 문구를 입력해요.

❷ 입력된 내용을 왼쪽으로 정렬한 다음 원하는 글머리표를 표시해요.

   • 왼쪽 정렬 : [서식 도구 상자]-≣(왼쪽 정렬)

   • 글머리표 : [서식]-[글머리표(≣ ·)]

❸ 그리기마당 기능을 이용하여 프로필 사진을 넣어보세요.

   • 그리기마당 : [입력]-[그리기마당(▥)]

❹ 문서의 주변에 있는 그림을 잘 배치한 다음 불필요한 그림은 삭제해요. 배치된 그림에는 원하는 그림자 효과를 적용해 보세요.

   • 그림자 효과 : [그림]-[그림 효과(▦)] → [그림자]

09 납작하고 둥근 빵 피자

배 우 는 기 능

★ 그림을 입력한 다음 필요한 부분만 잘라요.
★ 다양한 방법으로 그림을 회전해요.

▶ 실습파일 : 피자.hwp ▶ 완성파일 : 피자(완성).hwp

완성 작품 미리보기

재미난 음식이야기

피자는 남겨진 빵조각에 토마토소스와 치즈를 묻혀 나폴리의 빈민가에서 노동자들의 끼니를 때우기 위해 만들어 먹기 시작한 음식으로, 피자의 뜻은 '납작하고 둥근 빵'이에요. 피자 때문에 종종 평민으로 변장하여 나폴리의 빈민가를 찾았던 왕이 있었는데 그 이유는 빈민가에서 만드는 '피자'를 먹기 위해서였다고 해요. 이후 '피자'는 서민들의 든든한 식사로 이용되었고 귀족들도 즐겨먹게 되었을 뿐만 아니라 전 세계적인 음식으로 발전할 수 있었어요.

조각 피자의 순서를 보고 완성된 피자의 모양을 생각하여 체크해 보세요.

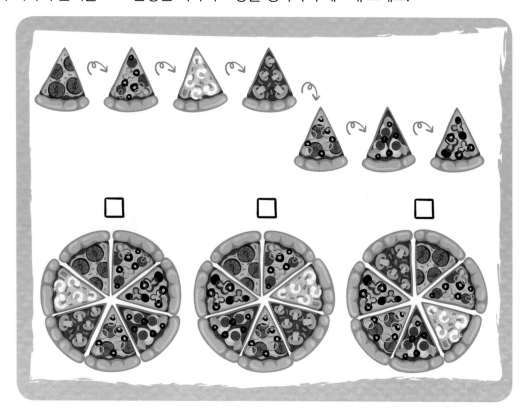

1 피자 그림을 입력해요!

① 한글 NEO(2016) 프로그램을 실행하여 [Chapter 09_피자]-**피자.hwp** 파일을 불러와요.

❷ 현재 파일은 모두 6쪽으로 구성되어 있어요. 오른쪽 스크롤 바를 맨 아래로 드래그하여 **6쪽으로 이동**한 다음 **빈 곳을 클릭**해요.

❸ **[입력]-[그림(▣)]**을 클릭해요.

❹ **[불러올 파일]-[Chapter 09_피자]-피자.png** 파일을 클릭하고 아래 옵션을 그림과 같이 선택한 다음 **<넣기>**를 클릭해요.

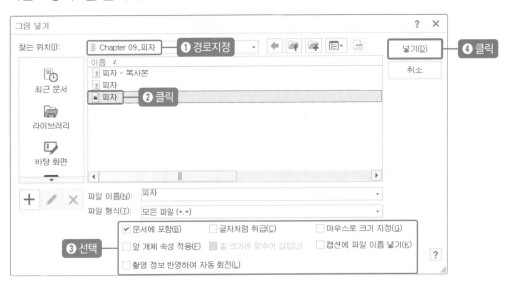

② 그림에서 필요한 부분만 잘라내요!

① 삽입된 그림을 선택한 다음 **[그림]-[자르기(⊹)]**를 클릭해요.

② 6페이지에 필요한 피자는 '마르게리타 피자'예요. 오른쪽 대각선 모서리의 **자르기 조절점(ㄱ)**을 드래그하여 **4번째 피자**만 표시되도록 한 다음 Esc 를 눌러요.

❸ 마르게리타 피자를 선택한 다음 [그림]-[회전] → **[오른쪽으로 90도 회전(↻)]**을 클릭해요.

❹ 마르게리타 피자의 크기를 조절한 다음 위치를 변경하여 6페이지 문서를 완성해 볼까요?

 💡 팁 **피자 그림이 다음 페이지로 이동해요!**

피자 그림이 다음 페이지로 넘어간다면 [그림]-[자르기(⊞)] 기능을 이용하여 피자의 투명한 부분을 자른 다음 작업해 보세요.

작품을 완성해요

❶ 문서 왼쪽의 힌트(이런 피자예요!)를 활용하여 1~5 페이지에 알맞은 피자를 배치해 보세요.

스스로 만들어요

실습파일 : 피자_연습문제.hwp   완성파일 : 피자_연습문제(완성).hwp

❶ '피자재료' 그림을 삽입해요. 그림이 보이지 않을 경우에는 다음 페이지를 확인해 보세요.

❷ 원하는 재료를 잘라 배치하고 원하는 방향으로 회전시켜 보세요.

　　[그림]-[배치] → [글 앞으로]를 지정하여 겹치는 이미지를 만들 수 있어요.

10. 실패한 디저트 브라우니

배우는 기능

★ 제목을 입력한 다음 덧말을 추가해요.
★ 사진 편집 기능으로 그림을 보정해요.

▶ 실습파일 : 브라우니.hwp   ▶ 완성파일 : 브라우니(완성).hwp

완성 작품 미리보기

쫀득하고 달콤한
브라우니 만들기

브라우니
전문점

1. 냄비에 초콜릿을 넣고 약한 불에서
녹여주세요.

2. 버터를 작은 조각으로 넣어 잘
섞어주세요.

3. 그릇에 달걀과 설탕을 넣은 후
저어주세요.

4. 그릇에 녹은 초콜릿을 붓고
바닐라 향을 조금 첨가해 주세요.

5. 재료들이 모두 섞이면 사각형
틀에 붓고 견과류를 뿌려주세요.

6. 오븐에 넣고 180도에서 30분
정도 구워주세요.

7. 쫀득하고 달콤한
브라우니 완성~!!

재미난 음식이야기

브라우니는 사각형의 작고 납작한 초콜릿 케이크로 꾸덕꾸덕한 식감이 일품이지요. 고급스러운 맛의 브라우니는 사실 실수로 탄생한 디저트 중 하나라고 해요. 매우 바빴던 쉐프가 초코 케이크에 베이킹파우더를 넣지 않고 굽는 실수를 저질렀지요. 보통 빵이나 케이크를 만들 때는 베이킹파우더를 넣어 폭신한 식감을 낼 수 있어요! 쉐프는 실패한 초코 케이크가 버리기 아까워 작은 크기로 잘라 먹었더니 입 안에 쫀득하게 붙는 식감에 매력을 느껴 메뉴로 개발했다고 합니다.

아래 조건과 일치하는 프랑스 빵을 찾아 이름을 적어보세요.

1 제목에 덧말을 입력해요!

❶ 한글 NEO(2016) 프로그램을 실행하여 [Chapter 10_브라우니]-**브라우니.hwp** 파일을 불러와요.

② 문서 왼쪽 상단의 **녹색 상자를 선택**한 다음 문서의 제목을 입력해요.

③ 입력한 내용을 블록으로 지정한 다음 **[입력]-[덧말(덧말 가나다)]**을 클릭해요.

④ 본말을 확인한 다음 **덧말 내용**을 입력하고 <넣기>를 클릭해요.

② 사진 편집 기능으로 그림을 보정해요!

① 문서의 배경을 선택한 다음 **[입력]-[그림(▣)]**을 클릭해요.

② [불러올 파일]-[Chapter 10_브라우니]-**브라우니.jpg** 파일을 클릭하고 아래 옵션을 그림과 같이 선택한 다음 <넣기>를 클릭해요.

③ 입력된 그림의 크기를 적당히 조절한 다음 **[그림]-[사진 편집(▣)]**을 클릭해요.

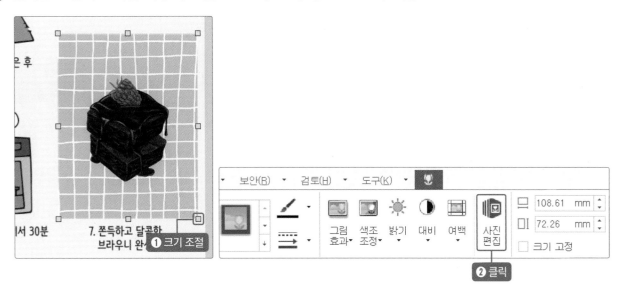

④ (간편 보정)에서 원하는 효과를 선택해 주세요.

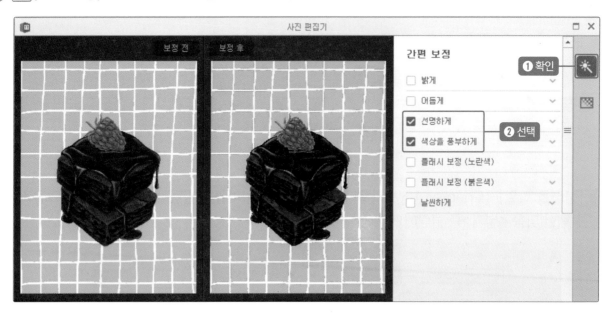

⑤ 📼(투명 효과)에서 유사 색상 범위를 100~110으로 지정해요. 그다음 브라우니 **그림의 배경**을 선택하여 투명하게 변경하고 <적용>을 클릭해요.

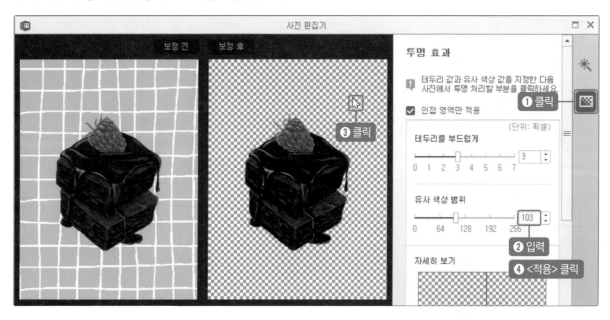

💡 **사진 편집기 대화상자의 단추를 알아보아요!**

↻ 재설정 : 선택된 효과를 지우고 원래 사진의 형태로 되돌려요.

✓ 적용 : 선택된 효과를 실제 이미지에 적용해요.

✕ 닫기 : 사진 편집기를 종료해요.

작품을 완성해요

① 효과가 적용된 브라우니 그림을 적당한 위치에 배치해 보세요.
② [Chapter 10_브라우니]-제빵사.jpg 그림을 불러와 사진 편집기로 보정하여 문서를 꾸며 보세요.

스스로 만들어요

실습파일 : 브라우니_연습문제.hwp   완성파일 : 브라우니_연습문제(완성).hwp

① 제목에 덧말을 입력해 보세요.
② 사진 편집 기능으로 그림의 배경을 제거해 보세요.

배우는 기능

★ 문서의 단을 2개로 나눠요.
★ 텍스트와 어울리게 그림을 배치해요.

▶ 실습파일 : 바게트.hwp　　▶ 완성파일 : 바게트(완성).hwp

완성 작품 미리보기

장발장 이야기

집이 너무나 가난했던 장발장 아저씨는 함께 사는 조카들에게 챙겨줄 음식이 없어 속상했어요. 고민을 거듭하던 장발장은 결국 조카들을 위해 빵을 훔치기로 결심했지요.

몰래 빵집에서 먹음직스러운 빵 하나를 훔치게 되지만 경찰에게 붙잡혀 19년 동안 감옥에서 생활을 하게 됩니다.

이후 장발장은 감옥에서 나오지만 머무를 곳이 없었어요. 그래서 성당 신부님을 찾아가게 되지요. 감사하게도 신부님은 장발장을 따뜻하게 맞아주며, 정성스러운 저녁까지 대접해 주었어요.

따뜻한 온기를 느끼며 잠을 청하려던 장발장의 눈에는 반짝거리는 은그릇이 보이기 시작했어요.

"이 은그릇을 팔면 더 이상 조카들이 굶지 않아도 될 텐데..."

결국 장발장은 은그릇을 훔치고 말았지만 금방 경찰에게 잡혀 성당으로 돌아오게 됩니다. 그러나  신부님은 "경찰관님, 장발장이 은그릇은 훔친 것이 아니고 제가 선물로 드렸습니다. 은촛대도 드렸는데 왜 가져가지 않으셨나요?"라며 장발장의 잘못을 덮어주었어요.

 부끄러운 마음이 들었던 장발장은 신부님께 용서를 구했어요. 앞으로는 착한 마음을 가지고 살아가기로 다짐했답니다.

재미난 음식이야기

　　돈만 있다면 원하는 빵을 사먹을 수 있는 현재와 달리, 1775년대에는 부자는 부드러운 흰 빵을 먹고 가난한 자는 딱딱한 검은 빵을 먹었다고 해요. 프랑스 혁명이 일어나면서 시민들은 무엇보다 빵을 평등하게 먹기를 원했어요. 이후 밀가루와 호밀을 섞은 한 종류의 빵만 만들어 팔아야 했으며, 빵의 길이는 80센티미터, 무게는 300그램으로 정하여 부자와 가난한 자 사이에서 빵 먹을 권리로 차별을 하지 말아야 한다는 <빵의 평등권>이 나오게 되었답니다.

1~33까지 순서대로 숫자를 연결해 보세요. 어떤 그림이 완성될까요?

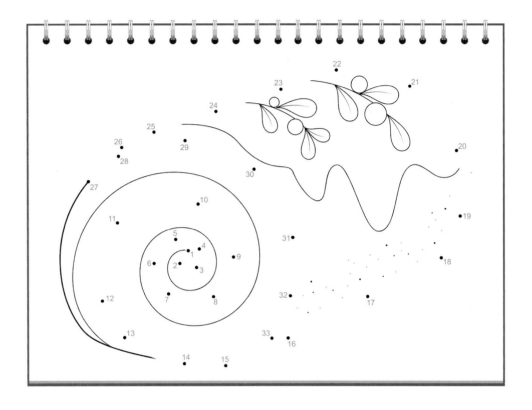

① 문서의 단을 두 개로 나눠요!

❶ 한글 NEO(2016) 프로그램을 실행하여 [Chapter 11_바게트]-**바게트.hwp** 파일을 불러와요.

집이 너무나 가난했던 장발장 아저씨는 함께 사는 조카들에게 챙겨줄 음식이 없어 속상했어요. 고민을 거듭하던 장발장은 결국 조카들을 위해 빵을 훔치기로 결심했지요.

몰래 빵집에서 먹음직스러운 빵 하나를 훔치게 되지만 경찰에게 붙잡혀 19년 동안 감옥에서 생활을 하게 됩니다.

이후 장발장은 감옥에서 나오지만 머무를 곳이 없었어요. 그래서 성당 신부님을 찾아가게 되지요. 감사하게도 신부님은 장발장을 따뜻하게 맞아주며, 정성스러운 저녁까지 대접해 주었어요.

따뜻한 온기를 느끼며 잠을 청하려던 장발장의 눈에는 반짝거리는 은그릇이 보이기 시작했어요.

"이 은그릇을 팔면 더 이상 조카들이 굶지 않아도 될 텐데…"

결국 장발장은 은그릇을 훔치고 말았지만 금방 경찰에게 잡혀 성당으로 돌아오게 됩니다. 그러나 신부님은 "경찰관님, 장발장이 은그릇은 훔친 것이 아니고 제가 선물로 드렸습니다. 은촛대도 드렸는데 왜 가져가지 않으셨나요?"라며 장발장의 잘못을 덮어주었어요.

부끄러운 마음이 들었던 장발장은 신부님께 용서를 구했어요. 앞으로는 착한 마음을 가지고 살아가기로 다짐했답니다.

➋ 문서를 두 개의 단으로 나누기 위해 **[쪽]-[단(▦)]**을 클릭해요.

➌ 아래 그림과 같이 지정한 다음 <설정>을 클릭해요.

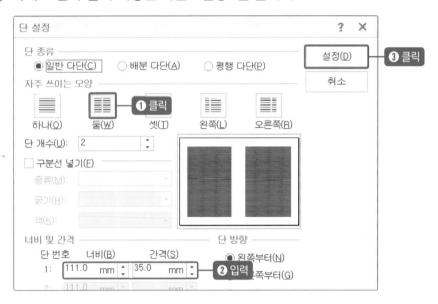

2 글자처럼 취급을 지정하여 제목 그림을 넣어요!

➊ 문서의 **맨 첫 번째 줄**을 선택한 다음 **[입력]-[그림(▦)]**을 클릭해요.

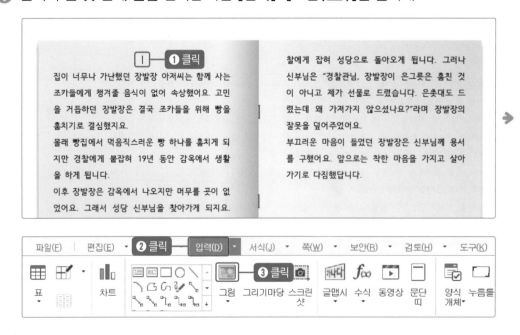

❷ [불러올 파일]-[Chapter 11_바게트]-**제목.png** 파일을 클릭하고 아래 옵션을 그림과 같이 선택한 다음 <넣기>를 클릭해요.

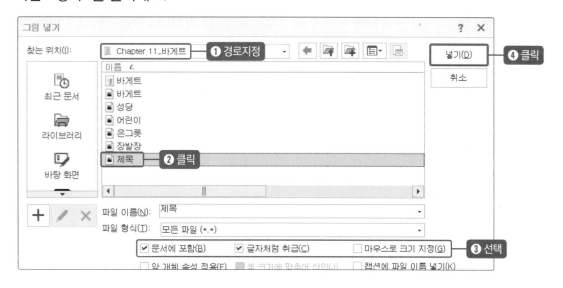

❸ 입력된 그림의 **크기**를 적당히 조절해요.

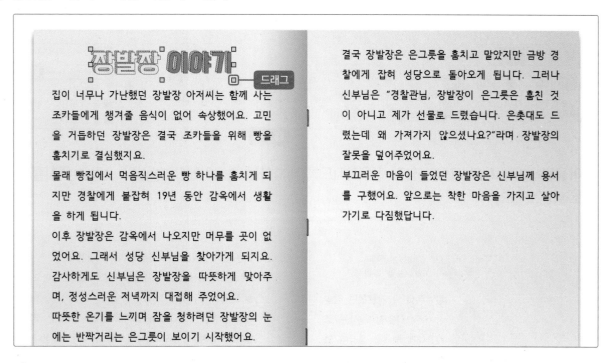

결국 장발장은 은그릇을 훔치고 말았지만 금방 경찰에게 잡혀 성당으로 돌아오게 됩니다. 그러나 신부님은 "경찰관님, 장발장이 은그릇은 훔친 것이 아니고 제가 선물로 드렸습니다. 은촛대도 드렸는데 왜 가져가지 않으셨나요?"라며 · 장발장의 잘못을 덮어주었어요.

부끄러운 마음이 들었던 장발장은 신부님께 용서를 구했어요. 앞으로는 착한 마음을 가지고 살아가기로 다짐했답니다.

집이 너무나 가난했던 장발장 아저씨는 함께 사는 조카들에게 챙겨줄 음식이 없어 속상했어요. 고민을 거듭하던 장발장은 결국 조카들을 위해 빵을 훔치기로 결심했지요.

몰래 빵집에서 먹음직스러운 빵 하나를 훔치게 되지만 경찰에게 붙잡혀 19년 동안 감옥에서 생활을 하게 됩니다.

이후 장발장은 감옥에서 나오지만 머무를 곳이 없었어요. 그래서 성당 신부님을 찾아가게 되지요. 감사하게도 신부님은 장발장을 따뜻하게 맞아주며, 정성스러운 저녁까지 대접해 주었어요.

따뜻한 온기를 느끼며 잠을 청하려던 장발장의 눈에는 반짝거리는 은그릇이 보이기 시작했어요.

팁 **그림을 입력할 때 참고하세요!**

· 문서에 포함 : 문서에 포함이 체크되지 않으면 삽입된 그림이 누락될 수 있으니 되도록 '문서에 포함'은 꼭 체크해주세요.

· 글자처럼 취급 : 개체가 텍스트와 동일한 효과를 가지게 되어 정렬 등의 작업을 할 때 편리해요.

· 마우스로 크기 지정 : '마우스로 크기 지정'을 체크하면 도형을 그릴 때와 같이 마우스를 이용하여 원하는 크기로 그림을 넣을 수 있어요.

③ 텍스트와 어울리게 그림을 배치해요!

❶ **[입력]-[그림(🖼)]**을 클릭하여 옵션을 아래와 같이 선택한 다음 **어린이.png** 그림을 넣어요.

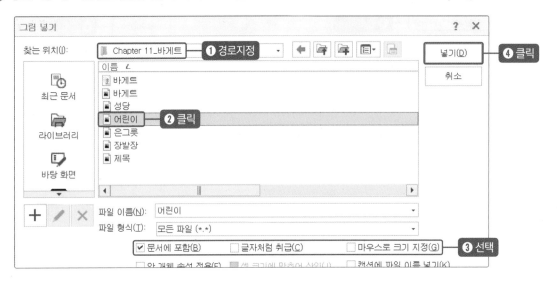

❷ 입력된 그림을 선택한 다음 [그림]-[배치(▤)] → **[어울림(▥)]**을 클릭해요.

❸ **어울림**은 텍스트와 그림이 함께 어우러지도록 배치하는 기능이에요. 그림의 크기와 위치를 적당히 조절해 보세요.

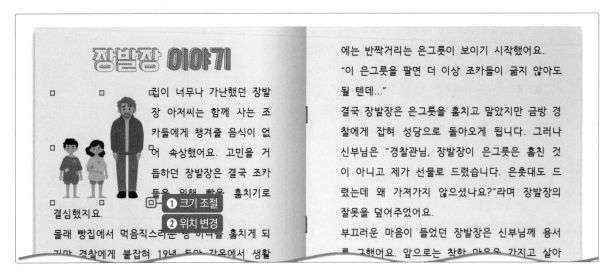

 작품을 완성해요

장발장 이야기

집이 너무나 가난했던 장발장 아저씨는 함께 사는 조카들에게 챙겨줄 음식이 없어 속상했어요. 고민을 거듭하던 장발장은 결국 조카들을 위해 빵을 훔치기로 결심했지요.

몰래 빵집에서 먹음직스러운 빵 하나를 훔치게 되지만 경찰에게 붙잡혀 19년 동안 감옥에서 생활을 하게 됩니다.

이후 장발장은 감옥에서 나오지만 머무를 곳이 없었어요. 그래서 성당 신부님을 찾아가게 되지요. 감사하게도 신부님은 장발장을 따뜻하게 맞아주며, 정성스

러운 저녁까지 대접해 주었어요.

따뜻한 온기를 느끼며 잠을 청하려던 장발장의 눈에는 반짝거리는 은그릇이 보이기 시작했어요.

"이 은그릇을 팔면 더 이상 조카들이 굶지 않아도 될 텐데…"

결국 장발장은 은그릇을 훔치고 말았지만 금방 경찰에게 잡혀 성당으로 돌아오게 됩니다. 그러나

신부님은 "경찰관님, 장발장이 은그릇은 훔친 것이 아니고 제가 선물로 드렸습니다. 은촛대도 드렸는데 왜 가져가지 않으셨나요?"라며 장발장의 잘못을 덮어주었어요.

부끄러운 마음이 들었던 장발장은 신부님께 용서를 구했어요. 앞으로는 착한 마음을 가지고 살아가기로 다짐했답니다.

❶ [Chapter 11_바게트] 폴더 내의 그림들을 문서에 넣어 작품을 완성해 보세요. 그림을 넣을 때 '문서에 포함'시키고, 입력된 그림은 '어울림'을 지정하여 크기와 위치를 조절해요.

 스스로 만들어요

실습파일 : 바게트_연습문제.hwp   완성파일 : 바게트_연습문제(완성).hwp

바게트란??

바게트는 프랑스빵의 종류 중 하나로 길고 딱딱한 타입의 빵이며 물, 이스트, 밀가루, 소금을 넣어 만들며 고소한 맛이 일품입니다.

바게트를 만들 때는 오븐에 굽기 전 반죽에 칼집을 내고 물을 뿌리는 과정을 거치게 됩니다. 이 과정에서 칼집을 내는 이유는 굽는 시간 동안 바게트의 겉면이 터지는 것을 방지하기 위해서이고, 물을 뿌리는 이유는 바게트 딱딱한 식감을 완성하기 위해서입니다.

바게트는 다양한 음식과 어울리는 매력적인 빵입니다. 갓 구운 바게트는 적당한 크기로 잘라서 그대로 먹기도 하지만 버터, 잼, 치즈를 발라서 먹는 것도 좋은 방법입니다. 또한 샐러드, 수프, 파스타와 같은 요리와 곁들여 먹거나 샌드위치를 만들어 먹으면 완벽한 디저트가 완성됩니다.

바게트는 프랑스어로 '막대기 또는 몽둥이'라는 뜻을 가지고 있습니다.

❶ 문서를 2개의 단으로 나눈 다음 너비(111mm)와 간격(35mm)을 맞춰주세요.

❷ 제목 이미지를 입력한 다음 '글자처럼 취급'을 지정해요.

❸ 바게트 이미지를 입력한 다음 '어울림'을 지정해요.

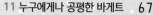

12 환자를 위한 건강식 시리얼

 배 우 는 기 능

★ 편집 용지를 가로로 변경해요.
★ 문서를 여러 구역으로 나누고 배경에 그림을 채워요.

▶ 실습파일 : 없음   ▶ 완성파일 : 시리얼(완성).hwp

완성 작품 미리보기

재미난 음식이야기

요양원을 운영하는 켈로그 형제는 환자들에게 채식 위주의 건강식을 제공했어요. 어느날 식사 준비를 하다가 자리를 잠시 비웠던 형제가 돌아왔을 때 숙성중이던 밀가루 반죽이 딱딱하게 굳어 있었어요. 많은 양의 반죽을 버리기 아까웠던 켈로그 형제는 반죽을 부순 후 오븐에 구워 아침으로 제공했답니다. 그 결과 소화가 잘되는 빵이라는 호평을 받았고, 이후 반죽에 곡물을 넣기도 하는 등 여러 가지 방법을 시도하여 인기 있는 '시리얼'을 만들 수 있었지요.

미로찾기를 통해 시리얼의 주인공을 찾아주세요.

1 편집 용지를 가로로 변경해요!

① 한글 NEO(2016) 프로그램을 실행해요.

❷ 편집 용지를 가로로 변경하기 위해 F7을 누른 다음 **용지 방향**을 **가로**로 선택해요.

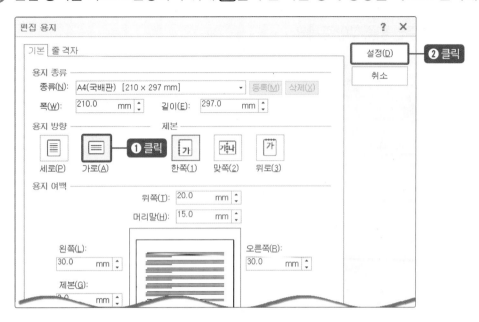

❸ 한 페이지가 모두 보일 수 있도록 프로그램 오른쪽 하단에서 **쪽 맞춤**을 지정해요.

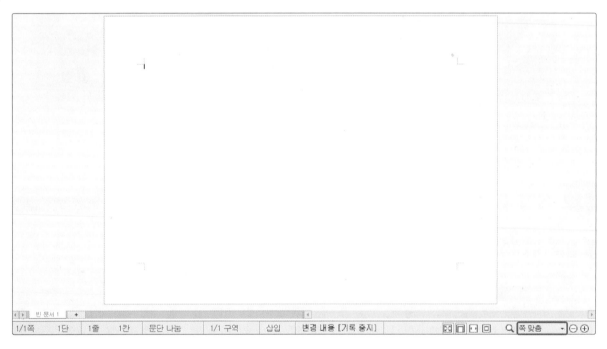

팁 **폭 맞춤과 쪽 맞춤**

문서의 보기 방식을 설정하는 방법으로 '확대/축소' 비율을 직접 입력하거나 선택할 수도 있지만 정해진 옵션을 활용하면 더욱 편리해요!

• 폭 맞춤 : 문서의 가로 길이를 기준으로 확대 또는 축소해요.

• 쪽 맞춤 : 문서의 한 쪽 전체가 화면에 들어올 수 있도록 확대 또는 축소해요.

② 문서를 여러 구역으로 나눠요!

❶ [쪽]-[구역 나누기(🖫)]를 클릭하여 문서를 두 구역으로 나눠요.

❷ 똑같은 방법으로 문서를 다섯 구역으로 늘려보세요.

 🐰 팁 **현재 문서의 구역은 이렇게 확인해요!**

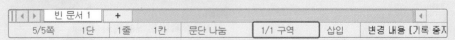

프로그램 왼쪽 하단에서 현재 문서의 상태를 확인할 수 있어요. 5/5 구역 은 5개의 구역 중 5번째 구역이 선택되어 있다는 뜻이에요. 만약 5개의 구역 중 2번째 구역을 선택한다면 2/5 구역 으로 표시되겠지요.

③ 문서에 배경을 채워요!

① 맨위 첫 번째 구역의 중앙을 클릭하여 커서를 위치시킨 다음 **[쪽]-[쪽 테두리/배경(▦)]**을 선택해요.

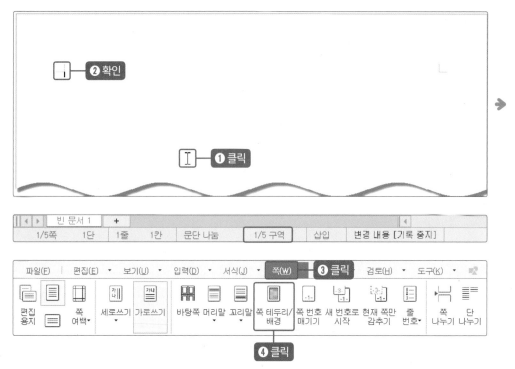

② **[배경]-그림**을 체크한 다음 **[불러올 파일]-[Chapter 12_시리얼]-방법1.jpg**을 선택해요. 이어서, 아래 그림과 같이 옵션을 설정해 주세요.

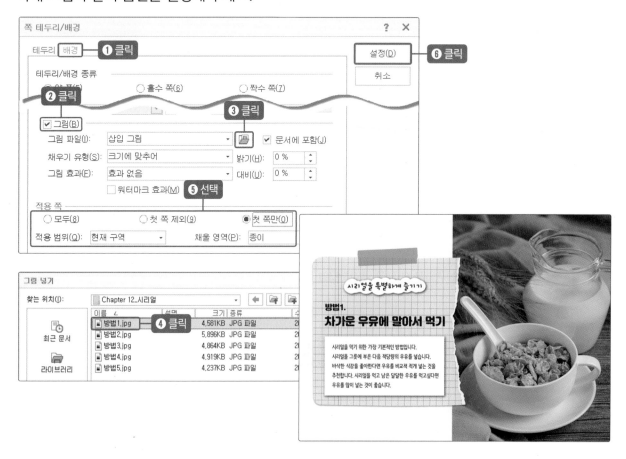

작품을 완성해요

❶ 문서의 2~5 구역에 알맞은 그림으로 배경을 채워보세요.

스스로 만들어요

실습파일 : 없음   완성파일 : 시리얼_연습문제(완성).hwp

❶ 한글 NEO(2016)를 실행한 다음 편집 용지를 가로로 변경해요.

❷ 구역 나누기 기능을 이용하여 4개의 구역으로 나눠요.

❸ 각각의 구역에 배경을 채워요.

13 라면의 역사 속으로!

★ 찾아 바꾸기 기능을 이용하여 잘못된 단어를 바르게 고쳐요.
★ 한자를 입력하고 특정 단어에 강조점을 넣어요.

▶실습파일 : 라면.hwp   ▶완성파일 : 라면(완성).hwp

완성 작품 미리보기

한국(韓國)과 일본(日本), 라면의 차이

1. 면

▶한국
반죽된 면을 얇게 뽑아 튀겨 꼬불꼬불한 모양을 하고 있다. 대부분 이 과정을 거쳐 봉지에 포장된 상태로 판매되어 간편식으로 먹는다.
▶일본
우리나라와 같이 인스턴트 라면을 먹기도 하지만 생 면발을 뽑아 즉석에서 라면을 만들어내는 방식으로 주로 판매되고 있다.

재미난 음식이야기

'면'의 종류는 매우 다양하지만 우리가 간편하고 쉽게 찾아 먹는 것 중 하나가 라면입니다. 일본이 원조라고 생각할 수 있지만 라면은 사실 중국에서 유래했어요. 중국인들은 이 음식을 '라멘', '라오몐', '라미옌' 등으로 부르기 시작했고, 1870년대 일본으로 건너가 '라멘'이 되었답니다. 이후 한국에서는 '라면'이라는 이름으로 사랑을 받고 있지요. 라면의 역사를 정리하면, 시작은 중국이었으나 이후 일본에 이어 한국에 전해지게 되었고, 우리나라에서 큰 인기를 얻으며 한국식 라면 문화가 크게 발달했다는 것을 알 수 있어요.

맛있는 라면을 끓이는 순서에 맞추어 번호를 적어보세요.

1 잘못된 단어를 찾아 한 번에 고쳐요!

① 한글 NEO(2016) 프로그램을 실행하여 [Chapter 13_라면]-**라면.hwp** 파일을 불러와요.

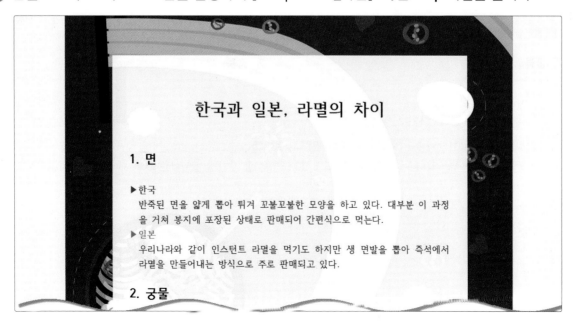

② 문서를 살펴보면 **라면**이 **라멸**로 잘못 입력된 것을 확인할 수 있어요. [편집]-[찾기(🎜)] → **[찾아 바꾸기(🎜)]**를 클릭해요.

③ 아래와 같이 내용을 입력한 다음 **문서 전체**를 선택하고 <모두 바꾸기>를 클릭해요. <확인>과 <닫기>를 번갈아 클릭해요.

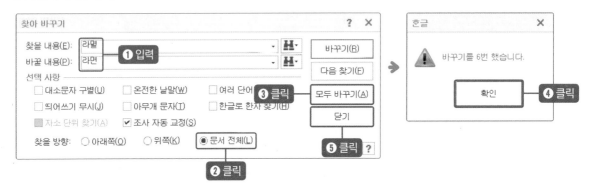

④ 문서에서 **라멸**이 **라면**으로 수정된 것을 확인해 보세요.

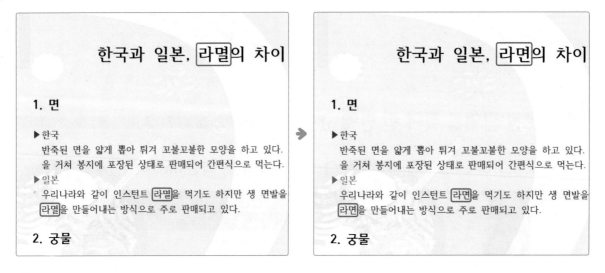

팁 단어를 확인하면서 바꾸기

[찾아 바꾸기] 대화상자에서 <바꾸기>를 클릭하면 찾을 방향을 기준으로 하나씩 단어를 찾아서 확인한 후 바꿀 수 있어요. 만약, 단어를 찾은 후 내용을 변경하면 안 되는 경우에는 <다음 찾기>를 클릭하면 돼요.

② 입력된 단어를 한자로 변경해요!

① 제목에서 **한국**을 블록으로 지정한 다음 [한자]를 눌러요.

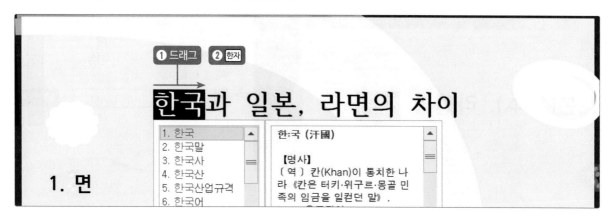

② 알맞은 한자를 선택한 다음 **입력 형식**을 **한글(漢字)**로 지정하고 <바꾸기>를 클릭해요.

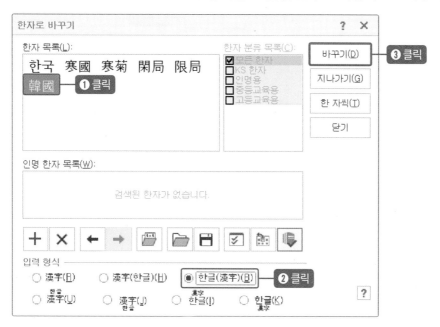

③ 똑같은 방법으로 제목에서 **일본**을 한자로 바꿔보세요.

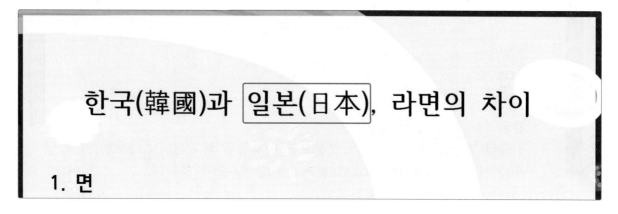

③ 특정 단어에 강조점을 추가해요!

① 제목에서 **차이**를 블록으로 지정한 다음 마우스 오른쪽 버튼을 눌러 **[글자 모양]**을 클릭해요.

② **[확장]**에서 원하는 강조점을 선택한 다음 <설정>을 클릭해요.

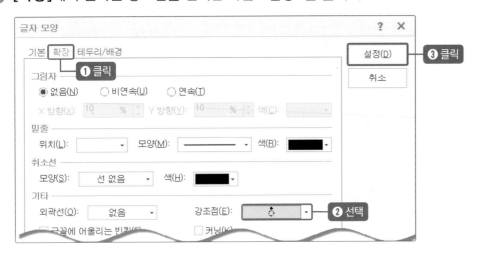

③ 해당 단어에 강조점이 추가된 것을 확인해 보세요.

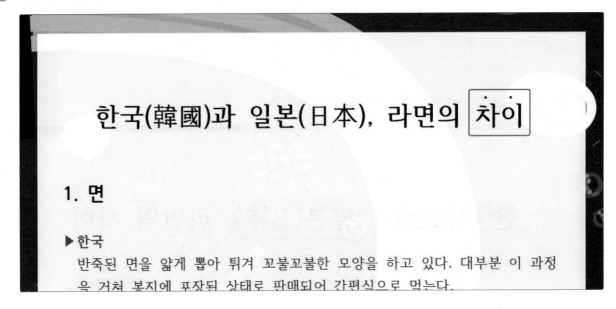

 작품을 완성해요

> 라면을 만들어내는 방식으로 주로 판매되고 있다.
>
> ## 2. 국물
>
> ▶한국
> 한국인은 고추, 고춧가루, 마늘, 김치 등을 이용하여 국물을 만들어내기 때문에 라면 국물의 색상이 붉은 것이 특징이며, 맛도 얼큰하고 매콤하다.
> ▶일본
> 간장, 미소(된장)을 주로 이용하여 국물을 만들기 때문에 자극적이지 않고 담백한 것이 특징이다.
>
> ## 3. 부재료
>
> ▶한국
> 한국식 라면은 대부분 인스턴트식품이기 때문에 면발을 제외하고는 말린 야

① 찾아 바꾸기 기능을 이용하여 문서 내의 '궁물' 단어를 '국물'로 변경해 보세요.
② 원하는 단어에 여러 가지 강조점을 추가해 보세요.

 **스스로 만들어요**

실습파일 : 라면_연습문제.hwp 완성파일 : 라면_연습문제(완성).hwp

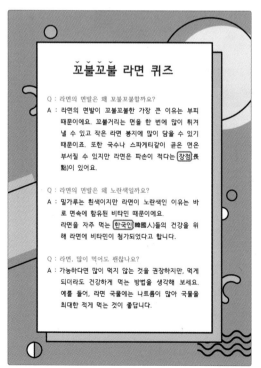

> ꝏꝏꝏ 라면 퀴즈
>
> Q : 라면의 면발은 왜 꼬불꼬불할까요?
> A : 라면의 면발이 꼬불꼬불한 가장 큰 이유는 부피 때문이에요. 꼬불거리는 면을 한 번에 많이 튀겨 낼 수 있고 작은 라면 봉지에 많이 담을 수 있기 때문이죠. 또한 국수나 스파게티같이 곧은 면은 부서질 수 있지만 라면은 파손이 적다는 장점(長點)이 있어요.
>
> Q : 라면의 면발은 왜 노란색일까요?
> A : 밀가루는 흰색이지만 라면이 노란색인 이유는 바로 면속에 함유된 비타민 때문이에요. 라면을 자주 먹는 한국인(韓國人)들의 건강을 위해 라면에 비타민이 첨가되었다고 합니다.
>
> Q : 라면, 많이 먹어도 괜찮나요?
> A : 가능하다면 많이 먹지 않는 것을 권장하지만, 먹게 되더라도 건강하게 먹는 방법을 생각해 보세요. 예를 들어, 라면 국물에는 나트륨이 많아 국물을 최대한 적게 먹는 것이 좋답니다.

① 찾아 바꾸기 기능으로 '람현'을 '라면'으로 변경해 보세요.
② '장점(長點)'과 '한국인(韓國人)'을 한자로 변환해 보세요.
③ 제목에 강조점을 추가해 보세요.

 # 신에게 바치던 제사 음식 케이크

배 우 는 기 능

★ 표를 삽입한 다음 여러 가지 색을 채워요.
★ 표의 테두리를 지워요.

▶ 실습파일 : 케이크.hwp   ▶ 완성파일 : 케이크(완성).hwp

완성 작품 미리보기

재미난 음식이야기

　　사람들이 특별한 날에 케이크를 먹기 시작한 역사는 굉장히 오래되었어요. 고대의 케이크는 지금과는 다르게 빵의 형태와 비슷했지요. 태양과 달을 닮은 둥근 모양의 빵을 만들어 신께 바치고 남은 빵을 나눠먹는 풍습이 있었다고 해요. 이탈리아 요리사들은 이러한 문화를 아이디어 상품으로 생각하여, 둥근 빵 위에 여러 가지 재료를 얹어 다양한 모양의 케이크를 만들 수 있도록 발전시켰답니다.

예쁜 컵케이크와 똑같은 모양의 그림자를 찾아 선으로 연결해 보세요.

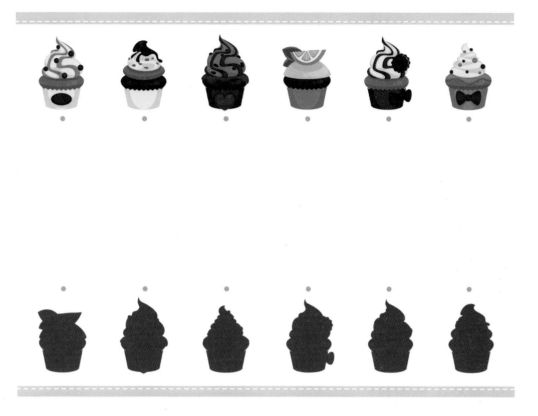

1 표를 입력해요!

1 한글 NEO(2016) 프로그램을 실행하여 [Chapter 14_케이크]-**케이크.hwp** 파일을 불러와요.

❷ **[입력]-[표(⊞)]를** 클릭한 다음 아래 그림을 참고하여 문서에 표를 입력해요.

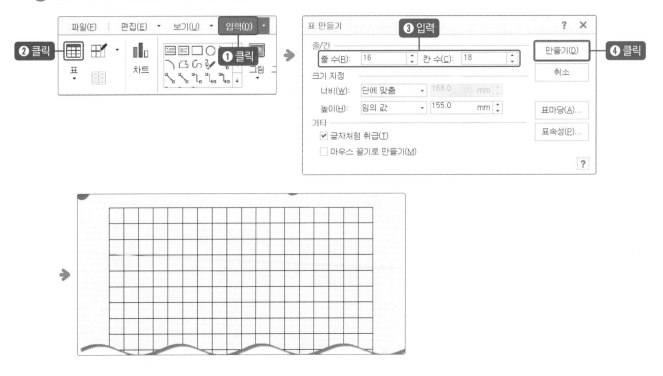

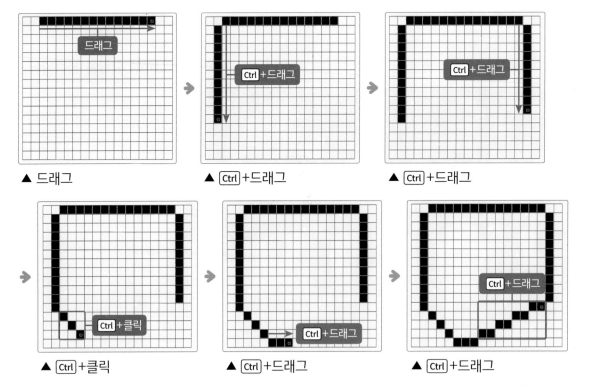

2 표에 색상을 채워요!

❶ 아래 그림을 참고하여 표 안쪽 셀을 선택해 보세요. 만약 셀 선택이 잘못되었다면 Ctrl을 누른 채 해당 셀을 클릭하면 선택이 해제돼요.

▲ 드래그　　　　▲ Ctrl+드래그　　　　▲ Ctrl+드래그

▲ Ctrl+클릭　　　　▲ Ctrl+드래그　　　　▲ Ctrl+드래그

② [표]-[셀 배경 색(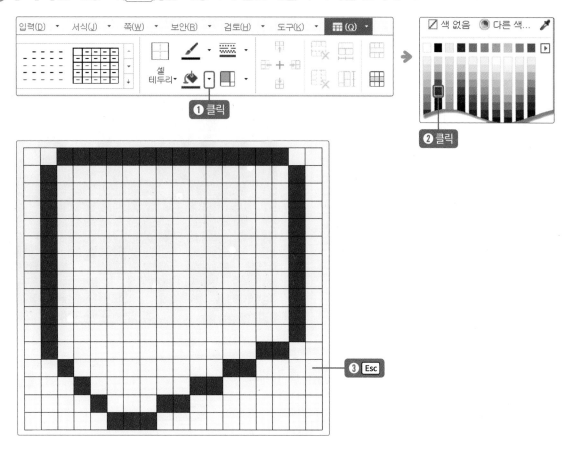)]을 이용하여 짙은 계열의 **회색**을 선택해요.

③ 똑같은 방법으로 색을 채워 **케이크의 윤곽**을 완성해 보세요.

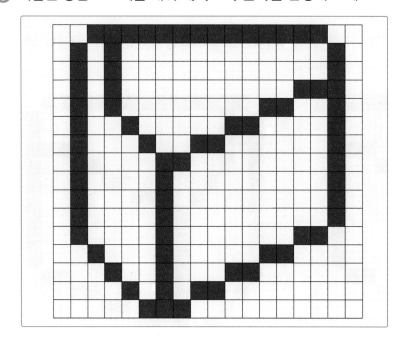

3 표의 테두리를 지워요!

❶ 표 안쪽을 클릭한 다음 F5 를 **세 번** 눌러 모든 셀을 선택해요.

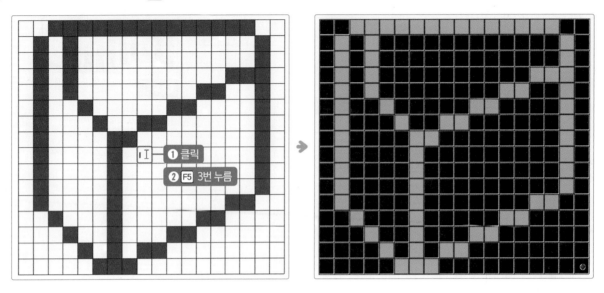

❷ [표]–[셀 테두리(▦)] → **[테두리 없음(▦)]**을 클릭해요.

❸ Esc 를 눌러 표 안쪽의 검정 테두리가 사라진 것을 확인해 보세요. 빨간 점선은 표를 구분할 때 도움을 주는 선으로, 표 선택이 해제되면 사라질 거예요!

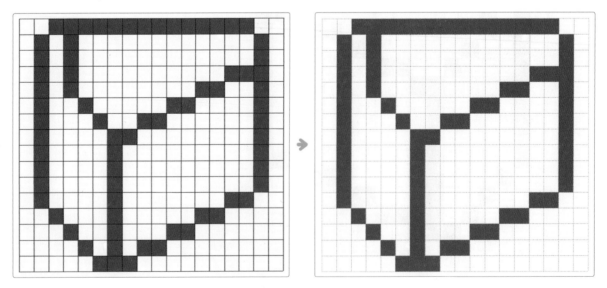

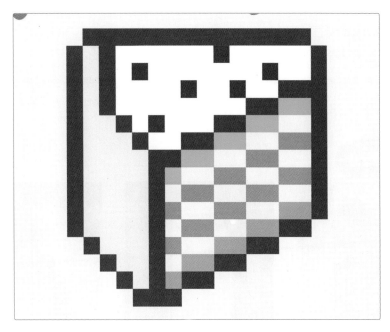

① 표 안쪽에 여러 가지 색상을 채워 예쁜 케이크를 완성해 보세요.

스스로 만들어요

실습파일 : 케이크_연습문제.hwp   완성파일 : 케이크_연습문제(완성).hwp

① 표에 색상을 채워 컵케이크를 만들어 보세요.
② 표에 적용된 테두리를 모두 지워보세요.

배 우 는 기 능

★ 여러 가지 도형을 이용하여 그림을 그려요.
★ 도형의 채우기와 선 서식을 변경해요.

▸ 실습파일 : 아이스바.hwp　　▸ 완성파일 : 아이스바(완성).hwp

완성 작품 미리보기

재미난 음식이야기

　　우리가 즐겨 먹는 음식은 우연에 의해 탄생하기도 한답니다. 나무 막대기에 꽂혀서 판매되는 아이스바 (아이스크림)는 한여름에 특히 즐겨 먹는 간식 중 하나이죠. 처음 아이스바를 만든 인물은 11살 꼬마 소년으로 전해집니다. 소다 주스를 먹기 위해 재료를 섞다가 그것을 뒷문 밖에 방치했더니 추운 날씨로 인해 막대기와 음료가 함께 얼어 있었다고 해요. 이것을 본 꼬마가 막대기를 잡아당기자 얼어버린 음료가 빠져나왔고 그것이 지금의 아이스바가 되었어요.

아이스바(초코, 딸기, 바닐라, 녹차)를 일정한 규칙대로 나열한다면 빈 칸에는 어떤 맛이 들어갈까요?

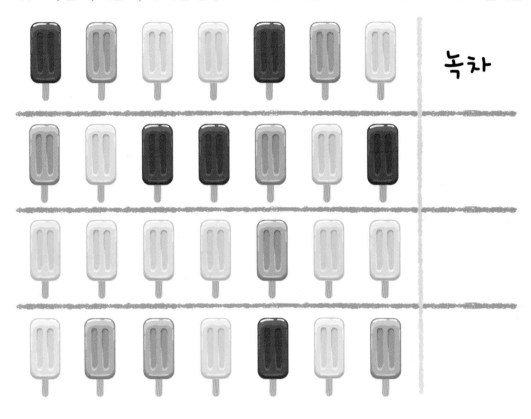

녹차

1 **도형을 넣어 아이스크림 막대를 완성해요!**

① 한글 NEO(2016) 프로그램을 실행하여 [Chapter 15_아이스바]-**아이스바.hwp** 파일을 불러와요.

② **[입력]-[직사각형(□)]**을 클릭해요.

③ 문서의 빈 곳을 드래그하여 도형을 그린 다음 아래 그림과 같이 **크기 및 위치**를 조절해요.

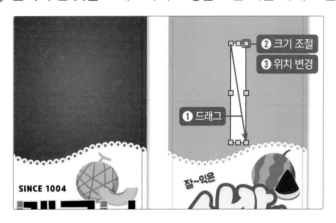

도형을 그릴 때 알아두세요!
- 크기 조절 : 조절점(□)을 드래그해요.
- 위치 변경 : 도형의 중앙을 드래그해요.

④ **도형 안쪽**을 더블 클릭해요. 아래 그림을 참고하여 도형의 서식을 변경한 다음 완성된 아이스크림 막대를 확인해요.

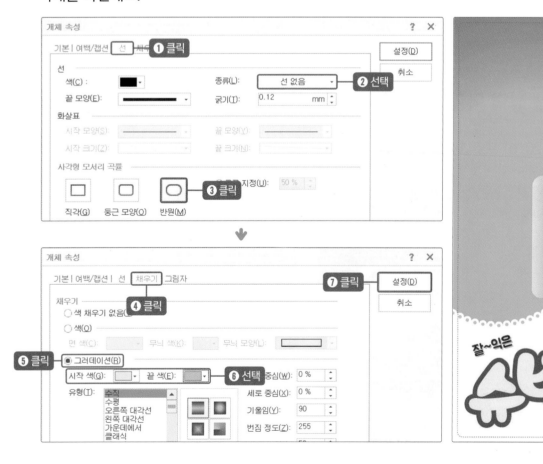

② 그리기 조각을 넣어 아이스크림의 윗부분을 완성해요!

① [입력]-[다른 그리기 조각]을 클릭해요.

② [기본도형]-[이등변 삼각형]을 선택한 다음 <넣기>를 클릭해요. 아이스크림 막대 근처에 도형을 그린 다음 크기와 위치를 맞춰주세요.

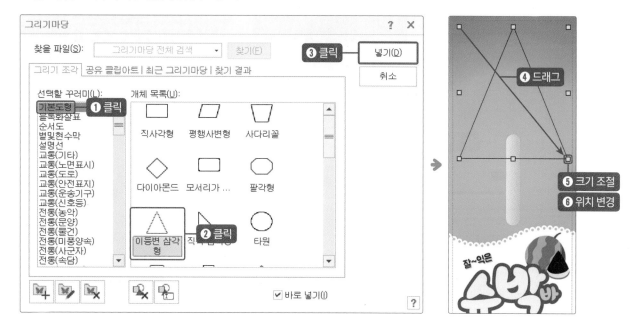

③ 입력된 삼각형의 **테두리 부분**을 더블 클릭한 다음 아래 그림을 참고하여 도형의 서식을 변경해요.

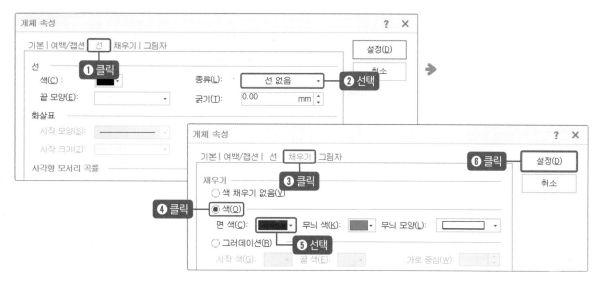

3 직사각형을 넣어 아이스크림의 아랫부분을 완성해요!

① [입력]-[직사각형(□)]을 클릭한 다음 도형을 그려보세요.

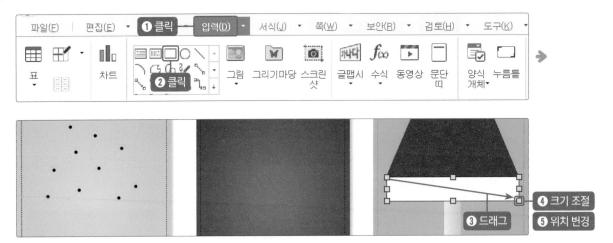

② 입력된 도형을 더블 클릭한 다음 아래 그림을 참고하여 도형의 서식을 변경해요.

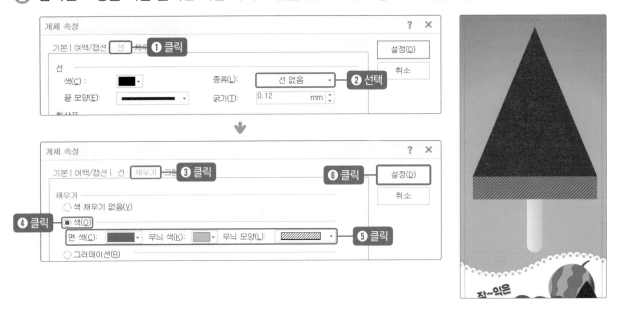

③ 문서 왼쪽에 수박씨 그림 위에서 마우스 오른쪽 버튼을 눌러 **[순서]-[맨 앞으로]**를 선택해요. 그다음 아이스크림 위쪽으로 수박씨를 드래그하여 완성해요.

 작품을 완성해요

• 도형 : [다른 그리기 조각]-[기본 도형]-[정육면체]

• 도형 : [직사각형]

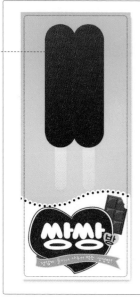  

① 도형을 이용하여 나머지 두 개의 아이스크림을 완성해 보세요. 아이스크림 막대는 복사해서 사용하면 편리해요.

② 도형의 채우기, 선 서식은 배운 기능을 활용하여 자유롭게 지정해 보세요.

 스스로 만들어요

실습파일 : 아이스바_연습문제.hwp   완성파일 : 아이스바_연습문제(완성).hwp

① 그리기마당에서 [그리기 조각]-[기본 도형]-[이등변 삼각형(△)]을 넣은 후 회전해 보세요.

② 도형에 면 색과 무늬 색을 지정한 다음 무늬 모양을 선택해 보세요.

③ 문서 하단의 그림을 활용하여 원하는 아이스크림을 완성해 보세요.

퀴즈를 풀어보면서 지금까지 배운 내용을 정리해요.

1 문서에 입력된 그림에서 필요한 부분만 사용하기 위해서는 어떤 기능을 이용하면 좋을까요?

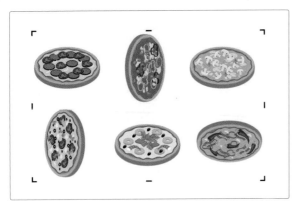

① 그림 여백

② 그림 효과

③ 개체 속성

④ 자르기

2 잘못 입력된 단어를 쉽고 빠르게 고칠 수 있는 기능은 무엇일까요?

① 찾아 바꾸기   ② 찾아가기   ③ 찾기   ④ 다시 찾기

3 도형에 관련된 기능 중 잘못된 설명은 무엇일까요?

① 도형에 색상을 채울 수 있어요.

② 도형에 그러데이션을 채울 수 있어요.

③ 도형에 패턴을 채울 수 있어요.

④ 도형의 선은 변경할 수 없어요.

4 초코 케이크를 만들다가 베이킹 파우더를 넣지 못하여 실수로 만들어진 이 음식의 이름을 적어보세요.

5 한국과 일본 라면의 차이점을 하나만 적어보세요.

아래 작업 순서를 참고하여 문서를 완성해요.

실습파일 : 16_연습문제.hwp   완성파일 : 16_연습문제(완성).hwp

작업 순서

➊ 입력된 표 안쪽에 색을 채워 예쁜 자동차를 만든 다음 표의 테두리를 삭제해요.

- 색 채우기 : [표]-[셀 배경 색(🪣 ∙)]
- 테두리 삭제 : [표]-[셀 테두리(🃏)] → [테두리 없음(🃏)]

➋ 문서 배경에 '배경.jpg' 그림을 채워요.

- 배경 채우기 : [쪽]-[쪽 테두리/배경(🖼)]

➌ '하늘.jpg' 그림을 입력한 다음 필요한 부분을 잘라내고, 사진 편집으로 보정해요.

- 그림 입력 : [입력]-[그림(🖼)]
- 그림이 보이지 않을 경우에는 다음 페이지를 확인해 보세요.
- 그림 자르기 : [그림]-[자르기(🖺)]
- 사진 편집 : [그림]-[사진 편집(🖼)]

17 곰보 아줌마의 요리 마파두부

배 우 는 기 능

★ 인터넷을 이용하여 필요한 그림을 찾아요.
★ 스크린 샷 기능으로 문서에 그림을 넣어요.

▶ 실습파일 : 마파두부.hwp   ▶ 완성파일 : 마파두부(완성).hwp

완성 작품 미리보기

13,000 won
마파두부

두부와 고기를 다져 된장이나 조미료를 넣고
볶아서 만드는 요리로, 밥 위에 얹어 비벼 먹는 음식

24,000 won
난자완스

곱게 다진 돼지고기를 둥글게 빚어 튀기듯 지져서
완자를 만든 다음 양념을 끼얹어 먹는 요리

20,000 won
꿔바로우

얇게 썬 돼지고기를 바삭하게 튀겨내는 형태로,
탕수육보다 쫄깃한 식감을 가진 요리

12,000 won
멘 보 샤

중국식 새우 샌드위치로, 식빵 사이에
다진 새우 살을 넣고 튀긴 음식

18,000 won
향라새우

새우를 껍질째 통으로 튀겨내어 매콤한 소스에
볶아내는 요리로, 식감과 불 맛이 일품

2,000 won
꽃   빵

밀가루로 만든 꽃 모양의 빵으로,
고추잡채나 마파두부 등을 먹을 때 함께 곁들임

재미난 음식이야기

마파두부는 중국의 사천 지역에서 발달한 음식이에요. 1970년대 중국 사천성에는 오고가는 나그네들이 많았어요. 어느 날 한 식당에 손님이 들어와 유채 기름을 내밀면서 이 기름으로 두부라도 구워달라고 부탁했어요. 한 눈에 보아도 가난해 보이는 이 손님을 위해 인심 좋은 주인은 맵고 뜨거운 두부 요리를 만들어서 제공했지요. 사천 지역에 입소문이 나기 시작하면서 사람들은 식당 주인 얼굴의 '곰보(흉터)' 이름을 붙여 '곰보두부'라고 불렀는데 이것이 중국어로 '마파두부'라고 해요.

제시된 중국음식 관련 단어를 찾아보고, 새롭게 찾은 단어가 있다면 친구들과 비교해 보세요!

▶ 마파두부, 칠리새우, 탕수육, 유산슬, 춘권, 짬뽕, 잡채밥, 군만두, 단무지, 짜장면, 양장피

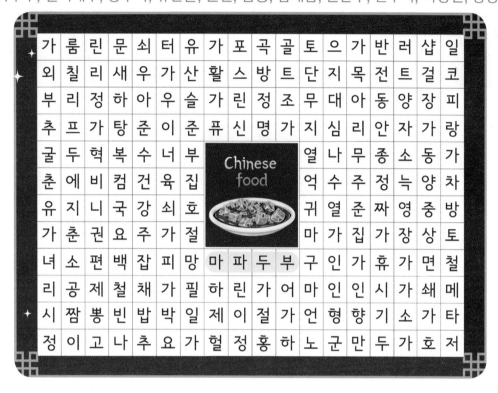

가	룸	린	문	쇠	터	유	가	포	곡	골	토	으	가	반	러	샵	일
외	칠	리	새	우	가	산	활	스	방	트	단	지	목	전	트	걸	코
부	리	정	하	아	우	슬	가	린	정	조	무	대	아	동	양	장	피
추	프	가	탕	준	이	준	퓨	신	명	가	지	심	리	안	자	가	랑
굴	두	혁	복	수	너	부					열	나	무	종	소	동	가
춘	에	비	컴	건	육	집					억	수	주	정	늑	양	차
유	지	니	국	강	쇠	호					귀	열	준	짜	영	중	방
가	춘	권	요	주	가	절					마	가	집	가	장	상	토
녀	소	편	백	잡	피	망	마	파	두	부	구	인	가	휴	가	면	철
리	공	제	철	채	가	필	하	린	가	어	마	인	인	시	가	쇄	메
시	짬	뽕	빈	밥	박	일	제	이	절	가	언	형	향	기	소	가	타
정	이	고	나	추	요	가	헐	정	홍	하	노	군	만	두	가	호	저

1 인터넷 창을 열어 그림을 검색해요!

❶ 한글 NEO(2016) 프로그램을 실행하여 [Chapter 17_마파두부]-**마파두부.hwp** 파일을 불러와요.

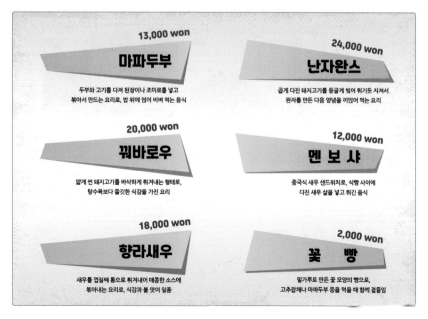

❷ 인터넷을 실행시켜 보세요.

🐰 💡 **인터넷은 어디에 있나요?**

인터넷에 접속할 수 있는 브라우저는 여러 가지가 있어요.
컴퓨터에서 아래와 같은 아이콘을 찾아 인터넷을 실행킬 수 있답니다.

▲ 크롬   ▲ 엣지   ▲ 웨일   ▲ 파이어폭스

❸ 주소 창 또는 검색 칸에 **마파두부**를 입력한 다음 Enter를 눌러요. 검색 결과가 표시되면 **[이미지]** 탭
을 선택해요.

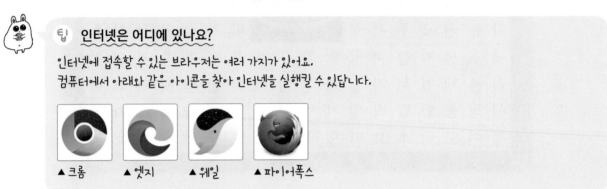

❹ 스크롤을 내려 원하는 마파두부 사진을 선택해요.

2 선택한 이미지를 한글 문서로 가져와요!

① 작업 표시줄에서 🔲 아이콘을 눌러 **마파두부.hwp** 파일을 다시 열어줍니다.

🔳 🔍 검색하려면 여기에 입력하십시오.

② [입력]-[스크린 샷(🔲)]을 선택한 다음 **<화면 캡처>**를 클릭해요.

③ 인터넷 창이 열리면 검색된 이미지를 드래그해 보세요.

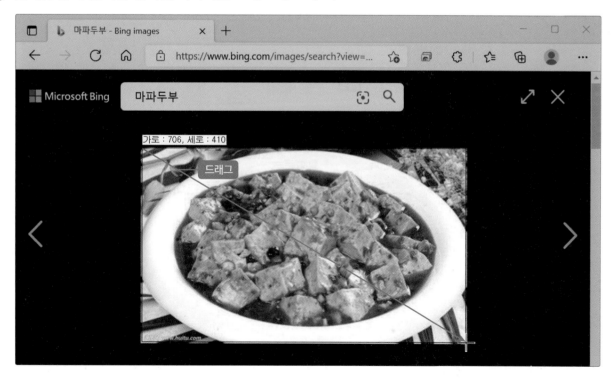

④ 한글 문서로 그림이 삽입되면 그림의 크기와 위치를 조절해요.

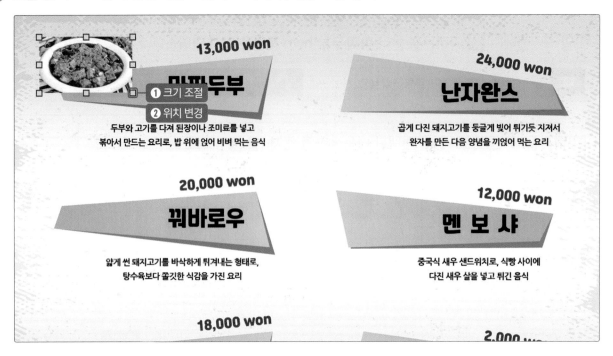

③ 그림 효과를 적용해요!

❶ 입력된 그림을 선택한 다음 [그림]-[그림 효과(▨)] → **[그림자]**에서 원하는 효과를 클릭해요.

작품을 완성해요

1 인터넷으로 메뉴를 검색한 후 스크린 샷 기능을 이용하여 메뉴에 알맞은 그림을 넣어보세요.
2 입력된 그림에 그림자 효과를 적용해 보세요.

스스로 만들어요

실습파일 : 마파두부_연습문제.hwp   완성파일 : 마파두부_연습문제(완성).hwp

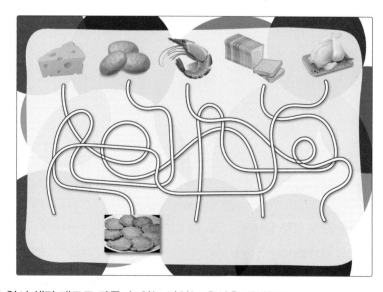

1 인터넷을 열어 해당 재료로 만들 수 있는 맛있는 음식을 검색해요.
2 스크린 샷 기능을 이용하여 해당 음식을 캡처해 보세요.
3 미로에 따라 음식을 알맞게 배치한 다음 그림 효과를 적용해 보세요.

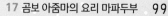

18 비굴하지 않은 굴비

★ 글자 겹치기 기능으로 나만의 특수 문자를 만들어요.
★ 문자의 색상을 변경해요.

▶ 실습파일 : 굴비.hwp   ▶ 완성파일 : 굴비(완성).hwp

완성 작품 미리보기

재미난 음식이야기

굴비는 조기에 간을 한 뒤 살짝 말린 생선으로 재미있는 유래가 있답니다. 고려시대 때 권력 다툼에서 밀려나 영광으로 쫓겨났던 이자겸이라는 인물의 이야기에요. 이자겸은 영광에서 지내면서 밥상에 오른 아주 맛있는 생선을 먹게 되었고, 이 생선을 왕에게 보내기 위해 생선의 이름을 짓기로 했어요. 많은 고민 끝에 '비굴'하지 않다는 뜻을 담아 생선의 이름을 '굴비'라고 짓게 되었고, 이후 영광 굴비는 아주 귀한 음식이 되었지요.

아래 이미지를 비교하여 서로 다른 부분 5곳을 찾아 체크해 보세요.

1 글자 겹치기 기능으로 문양을 만들어요!

❶ 한글 NEO(2016) 프로그램을 실행하여 [Chapter 18_굴비]-**굴비.hwp** 파일을 불러와요.

❷ 그림과 같이 식탁의 왼쪽 끝부분을 선택해요.

❸ [입력]-[입력 도우미(水aI)] → **[글자 겹치기(㉑)]**를 클릭해요.

❹ **글자끼리 겹치기**를 선택한 다음 **겹쳐 쓸 글자** 입력 칸 위에서 마우스 오른쪽 버튼을 눌러 **[문자표]**를 선택해요.

❺ **[사용자 문자표]-[기호1]**에서 아래와 같은 기호를 찾아 선택한 다음 <넣기>를 클릭해요.

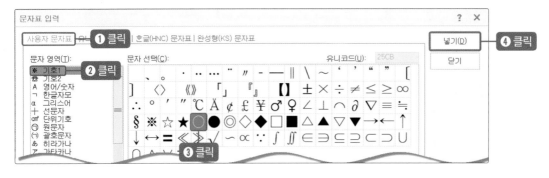

⑥ 겹쳐 쓸 글자 입력 칸 위에서 다시 마우스 오른쪽 버튼을 눌러 **[문자표]**를 선택해요.

⑦ [사용자 문자표]-[특수기호 및 딩뱃기호]에서 원하는 문자를 선택한 다음 <넣기>를 클릭해요.

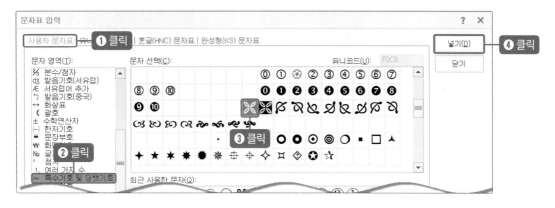

⑧ 두 개의 문자가 겹쳐진 것을 확인한 다음 <넣기>를 클릭해요.

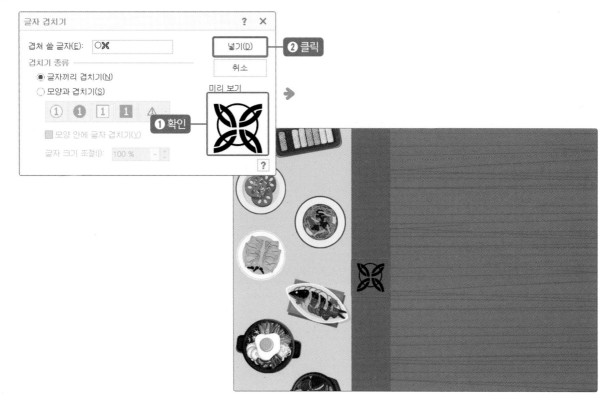

② 모양을 복사한 다음 색상을 변경해요!

❶ 입력된 모양을 블록으로 지정해요. Ctrl+C를 눌러 복사한 다음 Ctrl+V를 여러 번 눌러 붙여넣어요.

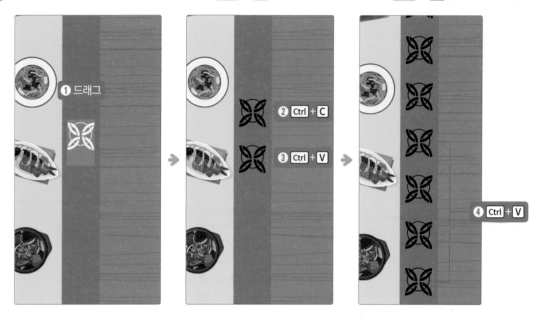

❷ 색상을 변경하려는 모양을 블록으로 지정한 다음 서식 도구 상자에서 글자 색(간 ▾)을 이용하여 원하는 색상을 선택해요.

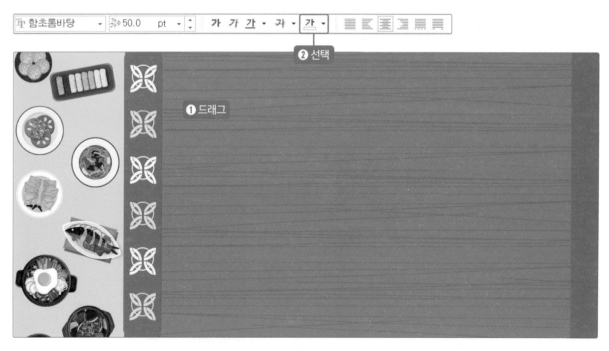

 작품을 완성해요

❶ 글자 겹치기를 이용해 식탁 오른쪽 부분에 문양을 넣어보세요.

❷ 식탁 주변의 음식들을 잘 배치하여 한식 상차림을 완성해 보세요.

 **스스로 만들어요**

실습파일 : 굴비_연습문제.hwp   완성파일 : 굴비_연습문제(완성).hwp

❶ 완성된 이미지를 참고하여 글자 겹치기 기능으로 다양한 문자를 겹쳐서 넣어보세요.
   (모양이 똑같지 않아도 괜찮아요.)

❷ 문자의 서식을 변경해 보세요.

19 추위를 따뜻하게 녹여주는 퐁듀

배 우 는 기 능

★ 새로운 스타일을 추가해요.
★ 텍스트에 여러 가지 스타일을 적용해요.

▶ 실습파일 : 퐁듀.hwp   ▶ 완성파일 : 퐁듀(완성).hwp

완성 작품 미리보기

찍어먹는 재미,
디저트 '퐁듀(fondue)'

다음과 같은 재료를 준비했어요!

과자   마시멜로우   바나나   딸기

알고 먹으면 더 맛있어요!

1 퐁듀와 곁들일 음식을 한 입 크기로 준비해요.

2 퐁듀는 대부분 초콜릿 퐁듀와 치즈 퐁듀 두 종류가 있어요.

3 과일 종류는 초콜릿 퐁듀와 어울리고, 과자 종류는 치즈 퐁듀와 곁들여요.

4 크리스마스나 연말 파티에 가장 잘 어울리는 디저트예요.

재미난 음식이야기

퐁듀는 식탁 위의 작은 항아리 그릇에 치즈, 초콜릿 등을 녹여 다양한 재료를 섞거나 찍어먹는 요리예요. 산으로 둘러싸인 스위스의 알프스 지역 사람들은 눈이 많이 내리는 겨울에 외부 지역과의 접촉이 어려웠어요. 그렇기 때문에 한겨울에도 먹을 수 있는 음식을 고려하다가 오래 묵혀둔 치즈, 빵, 와인을 먹을 수 있는 요리로 퐁듀를 만들게 되었어요. 퐁듀의 정확한 발음은 '퐁뒤'이며, 프랑스어로 '녹이다'라는 뜻을 가졌다고 해요.

아래 그림 중에서 중복없이 유일하게 혼자만 다른 패턴을 가진 딸기를 찾아보세요.

① 만들어진 스타일을 적용해요!

❶ 한글 NEO(2016) 프로그램을 실행하여 [Chapter 19_퐁듀]-**퐁듀.hwp** 파일을 불러와요.

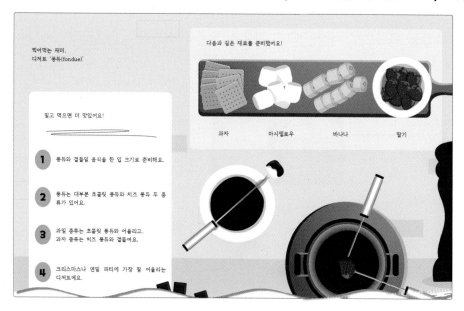

❷ 다음과 같은 위치의 텍스트를 블록으로 지정해요.

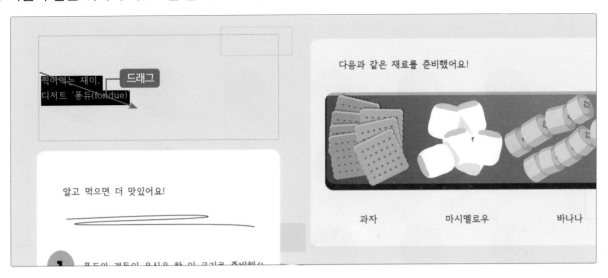

❸ [서식]에서 **퐁듀 제목** 스타일을 선택하여 글자의 서식을 변경해요.

팁 스타일은 어떤 기능인가요?

스타일은 문서에 입력된 내용의 서식을 손쉽게 적용할 수 있는 기능으로, 여러 번 반복되는 제목이나 내용을 동일한 서식으로 변경이 가능해요. '퐁듀 제목'과 같이 미리 스타일을 추가해 놓으면 원하는 서식으로 빠르게 변경할 수 있지요.

2 스타일을 추가해요!

❶ 다음과 같은 위치의 텍스트를 블록으로 지정한 다음 마우스 오른쪽 버튼을 눌러 **[글자 모양]**을 클릭해요.

② **기준 크기를 16pt**로 지정한 다음 **글꼴, 속성, 글자 색, 음영 색**을 원하는 대로 변경해 보세요. 이어서, <설정>을 클릭해요.

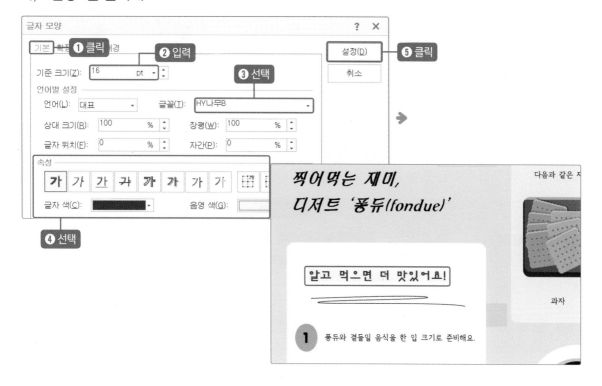

③ 서식이 변경된 것을 확인한 다음 텍스트를 다시 블록으로 지정하고 **[서식]-[스타일 추가하기(▨)]**를 클릭해요.

④ 다음과 같이 스타일 이름을 입력하고 <추가>를 클릭해요. 스타일 목록에 **퐁듀 소제목** 스타일이 추가된 것을 확인할 수 있어요.

3 스타일을 다른 텍스트에 적용해요!

① 다음과 같은 위치의 텍스트를 블록으로 지정해요.

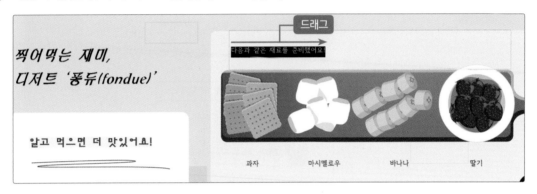

② [서식]에서 **퐁듀 소제목** 스타일을 선택하여 글자의 서식을 변경해요.

③ 스타일이 적용된 텍스트를 확인해 볼까요?

작품을 완성해요

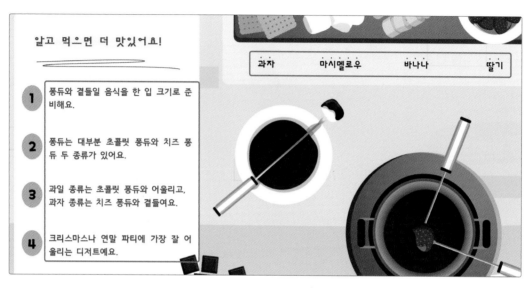

알고 먹으면 더 맛있어요!

| 과자 | 마시멜로우 | 바나나 | 딸기 |

1 퐁듀와 곁들일 음식을 한 입 크기로 준비해요.

2 퐁듀는 대부분 초콜릿 퐁듀와 치즈 퐁듀 두 종류가 있어요.

3 과일 종류는 초콜릿 퐁듀와 어울리고, 과자 종류는 치즈 퐁듀와 곁들여요.

4 크리스마스나 연말 파티에 가장 잘 어울리는 디저트예요.

① 원하는 글꼴 서식으로 '퐁듀 본문' 스타일을 추가하고 적용해 보세요.

② 원하는 글꼴 서식으로 '퐁듀 재료' 스타일을 추가하고 적용해 보세요.

스스로 만들어요

실습파일 : 퐁듀_연습문제.hwp   완성파일 : 퐁듀_연습문제(완성).hwp

퐁듀 만드는 법

재료 :

화이트 와인, 에멘탈 치즈, 그뤼에르치즈, 옥수수 전분, 마늘즙, 레몬즙

요리 방법 :

1. 냄비에 마늘즙을 골고루 묻혀요.

2. 냄비를 달군 다음 에멘탈 치즈와 그뤼에르치즈를 잘게 다져서 넣어요.

3. 치즈가 녹기 전에 옥수수 전분과 화이트 와인을 함께 넣고 끓여요.

4. 치즈가 걸쭉해지면 레몬즙을 조금 넣어요.

맛있게 먹는 팁 :

바게트나 비스킷을 찍어 먹으면 맛있어요.

① '재료 :'를 블록으로 지정한 다음 원하는 글꼴 서식으로 변경해요. 단, 글꼴의 크기는 '16pt', 줄간격은 '265%'로 맞춰주세요.

② 변경된 서식을 새로운 스타일로 추가해 보세요. 스타일 이름은 '퐁듀 소제목'으로 지정해요.

③ 완성된 이미지를 참고하여 '퐁듀 소제목'과 '퐁듀 본문' 스타일을 적용해 보세요.

배우는 기능

★ 문단 번호 기능으로 텍스트를 보기 좋게 정리해요.
★ 문서 보기 방식을 변경해요.

▶ 실습파일 : 도넛.hwp ▶ 완성파일 : 도넛(완성).hwp

완성 작품 미리보기

도넛이란?

① 밀가루에 다양한 부재료를 넣고 반죽하여 기름에 튀긴 제과예요.
② 가운데 구멍이 뚫린 모양의 도넛부터 사각형, 하트 모양, 꽈배기 모양 등 반죽에 따라 다양한 모양을 하고 있지요.

도넛에 구멍을 뚫는 이유?

가) 빵의 가운데 구멍을 뚫어 튀기면 열이 골고루 잘 전달되어 쉽게 익힐 수 있어요.
나) 구멍을 통해 공기가 통하기 때문에 더욱 바삭한 식감과 균형 있는 모양을 유지할 수 있어요.

재미난 음식이야기

미국에서 선장으로 일했던 '그레고리'라는 사람은 엄마가 만들어주는 도넛을 굉장히 좋아했어요. 하지만 커다란 도넛의 가운데가 항상 익지 않는 것에 대해 늘 불만을 가지던 그레고리는 도넛의 가운데에 구멍을 뚫어 튀기면 도넛의 모든 면이 골고루 익어 맛있는 도넛을 만들 수 있다는 것을 알게 되었지요. 선장이었던 그레고리는 배의 손잡이 중 하나에 구멍 뚫린 도넛을 걸어놓고 즐겨 먹었으며 이후 도넛이 유행하게 되었다고 해요.

에도쿠 게임 규칙을 읽어보고 표 안에 들어갈 도넛 모양을 그려보세요.

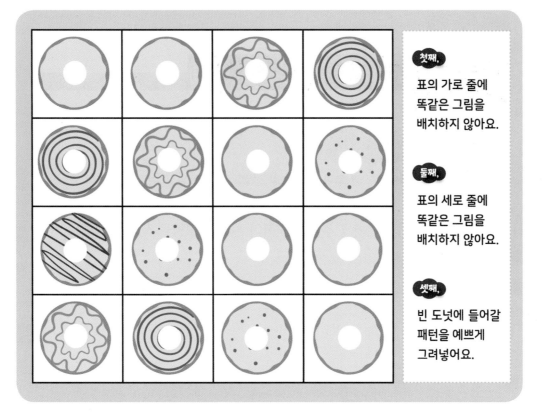

첫째,

표의 가로 줄에
똑같은 그림을
배치하지 않아요.

둘째,

표의 세로 줄에
똑같은 그림을
배치하지 않아요.

셋째,

빈 도넛에 들어갈
패턴을 예쁘게
그려넣어요.

① 텍스트에 문단 번호를 적용해요!

① 한글 NEO(2016) 프로그램을 실행하여 [Chapter 20_도넛]-**도넛.hwp** 파일을 불러와요.

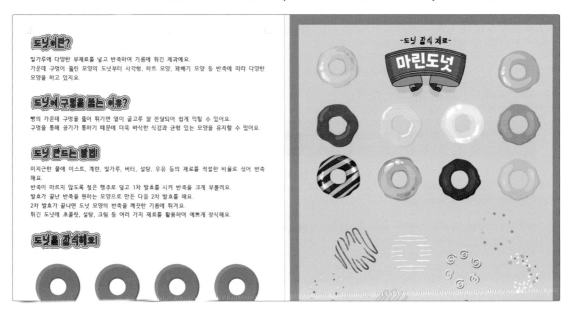

❷ 첫 번째 문단의 내용을 블록으로 지정해요.

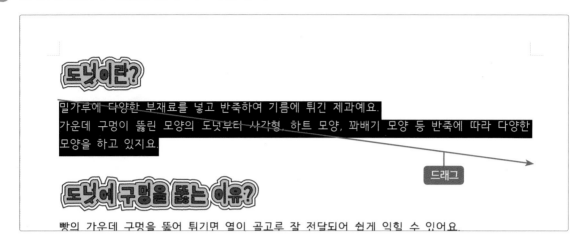

❸ [서식]-[문단 번호(▤)]의 목록 단추를 클릭하여 원하는 모양을 찾아 선택해요. 문단 번호가 적용된 것을 확인해 보세요.

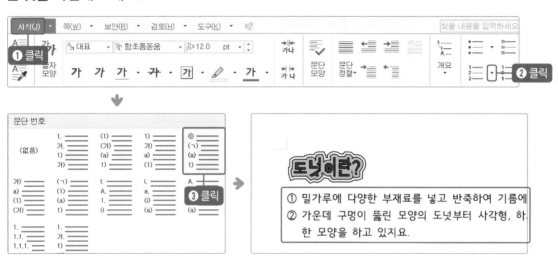

❹ 두 번째 문단의 내용을 블록으로 지정해요.

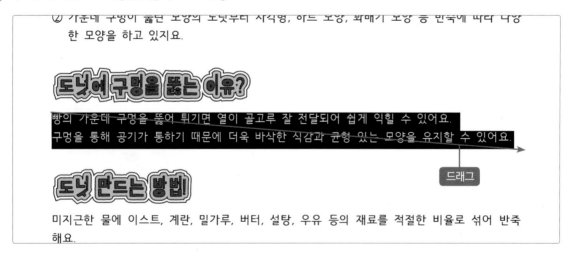

❺ 새로운 문단 번호를 적용하기 위해 **[서식]-[문단 번호(≡)]**의 목록 단추를 클릭해요.

❻ 첫 번째 수준이 **가)**인 것을 찾아 선택한 다음 문단 번호가 적용된 것을 확인해 보세요.

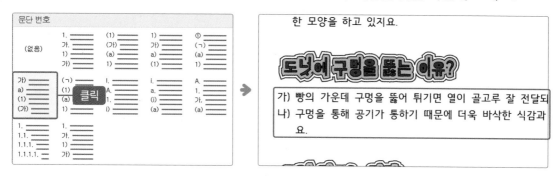

2 문서 보는 방식을 변경해요!

❶ 두 페이지를 크게 볼 수 있도록 프로그램 오른쪽 하단에서 **폭 맞춤**과 **두 쪽**을 지정해요.

❷ 불필요한 메뉴 대신 작업 중인 문서를 크게 확대해 보도록 할게요. **[보기]-[전체 화면()]**을 클릭해요.

 팁 전체 화면 종료하기

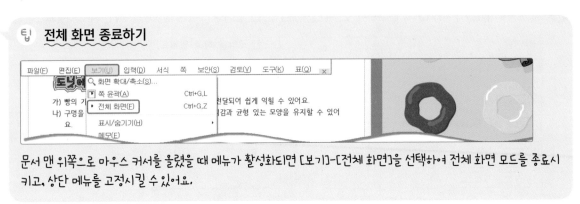

문서 맨 위쪽으로 마우스 커서를 올렸을 때 메뉴가 활성화되면 [보기]-[전체 화면]을 선택하여 전체 화면 모드를 종료시키고, 상단 메뉴를 고정시킬 수 있어요.

❸ 문서 보기 방식이 전체 화면으로 변경되면 2페이지의 도넛 재료를 이용하여 예쁘게 도넛을 장식해 보세요.

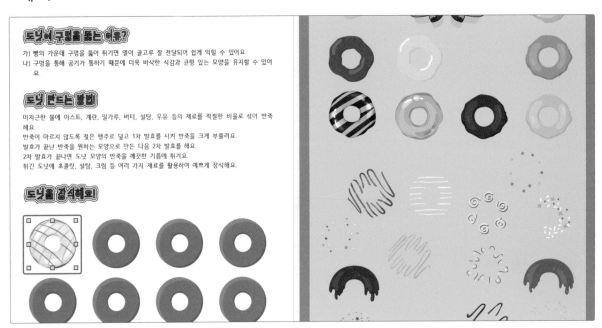

 팁 문서 내에서 그림을 쉽게 복사하는 방법!

똑같은 그림을 2개 이상 이용하고 싶다면 '복사' 기능을 사용하면 됩니다. 문서 내에서 Ctrl 키를 누른 채 마우스 포인터가 모양으로 변경되면 도넛 장식 재료를 드래그 해보세요.

 작품을 완성해요

도넛 만드는 방법

A. 미지근한 물에 이스트, 계란, 밀가루, 버터, 설탕, 우유 등의 재료를 적절한 비율로 섞어 반죽해요.

B. 반죽이 마르지 않도록 젖은 행주로 덮고 1차 발효를 시켜 반죽을 크게 부풀려요.

C. 발효가 끝난 반죽을 원하는 모양으로 만든 다음 2차 발효를 해요.

D. 2차 발효가 끝나면 도넛 모양의 반죽을 깨끗한 기름에 튀겨요.

E. 튀긴 도넛에 초콜릿, 설탕, 크림 등 여러 가지 재료를 활용하여 예쁘게 장식해요.

도넛을 장식해요

❶ '도넛 만드는 방법' 문단에 원하는 문단 번호를 적용해 보세요.

❷ 8개의 도넛을 예쁘게 장식해 보세요.

 스스로 만들어요

실습파일 : 도넛_연습문제.hwp　　완성파일 : 도넛_연습문제(완성).hwp

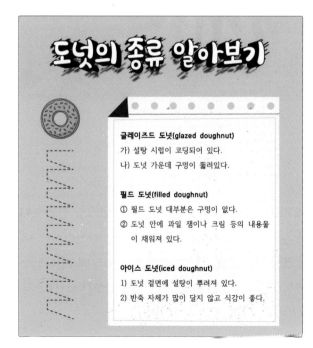

도넛의 종류 알아보기

글레이즈드 도넛(glazed doughnut)
가) 설탕 시럽이 코딩되어 있다.
나) 도넛 가운데 구멍이 뚫려있다.

필드 도넛(filled doughnut)
① 필드 도넛 대부분은 구멍이 없다.
② 도넛 안에 과일 잼이나 크림 등의 내용물이 채워져 있다.

아이스 도넛(iced doughnut)
1) 도넛 겉면에 설탕이 뿌려져 있다.
2) 반죽 자체가 많이 달지 않고 식감이 좋다.

❶ 각각의 문단에 문단 번호를 표시해 보세요.

21 아이스크림 상표 이름의 비밀

★ 원하는 서식의 글맵시를 만들어요.
★ 글맵시 모양을 변환해요.

▶ 실습파일 : 아이스크림.hwp ▶ 완성파일 : 아이스크림(완성).hwp

완성 작품 미리보기

재미난 음식이야기

　　대표적인 아이스크림 브랜드 '배스킨라빈스31'은 다양한 맛을 즐길 수 있는 아이스크림 천국이에요. 그렇다면 '배스킨라빈스31'의 이름이 품고있는 뜻을 알아볼까요? 1945년 미국에 거주하던 '라빈스'라는 사람과 그의 처남 '배스킨'이 본인들의 이름을 따 아이스크림 매장을 설립했어요. 그뿐만 아니라, 배스킨라빈스에 '31'을 강조하여 1달(31일) 동안 매일 다른 아이스크림을 먹을 수 있도록 31가지 이상의 다양한 아이스크림을 판매하였죠.

예시 이미지를 참고하여 나만의 아이스크림을 그려보세요.

1 글맵시를 추가해요!

❶ 한글 NEO(2016) 프로그램을 실행하여 [Chapter 21_아이스크림]-**아이스크림.hwp** 파일을 불러와요.

② [입력]-[글맵시(가나다)]를 선택해요.

③ 내용을 입력한 다음 글꼴을 지정하고 <설정>을 클릭해요. 물결 모양의 글맵시가 완성된 것을 확인할 수 있어요.

더 빠르게 글맵시를 만들어 보자!

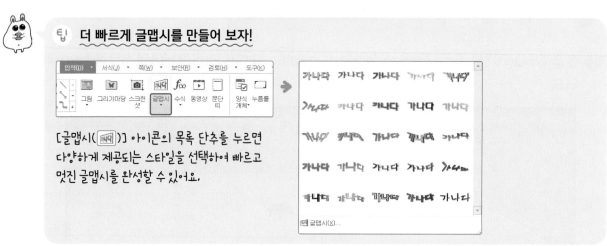

[글맵시(가나다)] 아이콘의 목록 단추를 누르면 다양하게 제공되는 스타일을 선택하여 빠르고 멋진 글맵시를 완성할 수 있어요.

② 글맵시의 서식을 변경해요!

① 입력된 글맵시를 더블 클릭해요.

② **[채우기]**에서 **면 색, 무늬 색, 무늬 모양**을 원하는 스타일로 선택해요.

③ **[선]**에서 원하는 선의 **색**과 **종류**를 선택하고, **굵기**를 **0.5mm**로 지정한 다음 <설정>을 클릭해요.

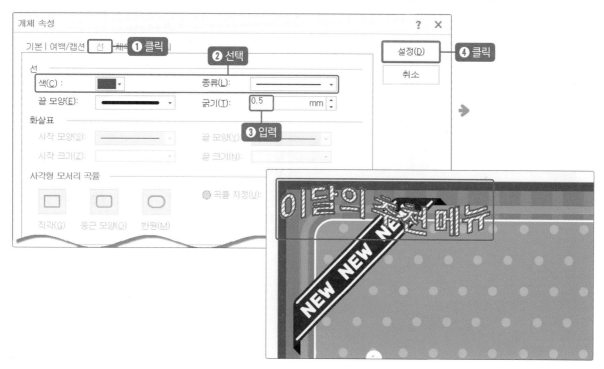

④ 글맵시를 클릭한 다음 [글맵시]-[글맵시 모양(◀)] → ▮(**아래쪽 리본 사각형**)을 선택해요.

⑤ 아래 그림을 참고하여 완성된 글맵시의 크기와 위치를 조절해 보세요.

③ 아이스크림을 만들어요!

① 문서 2페이지의 여러 가지 그림들을 활용하여 포스터에 들어갈 아이스크림을 만들어 보세요.

 팁 **작업 시 참고해요!**

① 특정 그림 위에서 마우스 오른쪽 버튼을 눌러 [순서]-[맨 뒤로] / [순서]-[맨 앞으로] 기능을 이용하여 해당 그림의
   순서를 배치할 수 있어요.

② 문서의 확대 비율 및 보기 방식을 변경하여 편리하게 작업할 수 있어요.

 작품을 완성해요

① 완성된 아이스크림의 이름을 글맵시로 입력해 보세요.

② 글맵시의 [채우기]는 '그러데이션'을 선택하고, 시작 색과 끝 색을 지정하여 만들었어요!

 **스스로 만들어요**

실습파일 : 아이스크림_연습문제.hwp   완성파일 : 아이스크림_연습문제(완성).hwp

① 완성된 이미지를 참고하여 원하는 형태의 글맵시를 입력해 보세요.

22 인종차별로 만들어진 프라이드 치킨

배 우 는 기 능

★ 편집 용지의 크기를 변경해요.
★ 글상자를 이용하여 내용을 입력해요.

▶ 실습파일 : 프라이드치킨.hwp   ▶ 완성파일 : 프라이드치킨(완성).hwp

완성 작품 미리보기

재미난 음식이야기

　　18세기 미국에서는 백인 농장 주인들이 흑인을 노예로 부렸다고 해요. 흑인 노예는 먹을 것이 마땅치 않아 굶는 일도 많았죠. 대부분의 미국 백인들은 닭을 튀기지 않고 오븐에 구워먹는 요리법을 즐겼으며, 닭의 목, 다리, 날개 등은 살이 많이 붙어있지 않다는 이유로 버렸다고 해요. 오븐을 사용할 수 없었던 흑인들은 남은 닭의 부위를 먹을 수 있는 방법을 찾다가 펄펄 끓는 기름에 튀기기 시작했고, 남녀노소 누구나 즐겨먹는 프라이드 치킨으로 발전했지요.

왼쪽 1번 화살표에서 시작하여 숫자 순서대로 이동하여 치킨을 배달해 보세요.

6	4	5	6	37	38	39	40	41
2	3	2	7	36	47	46	36	42
1	10	9	8	35	48	45	44	43
6	11	32	33	34	49	50	48	46
19	18	15	14	13	12	31	37	61	60	51	52	53
20	17	16	18	10	29	30	33	62	59	58	46	54
21	22	23	24	21	28	65	64	63	55	57	56	55
76	75	70	25	26	27	66	95	92	93	94	95	96
77	74	73	72	71	87	67	90	91	100	99	98	97
78	81	82	78	70	69	68	89	83				
79	80	83	84	85	86	87	88	85				

① 편집 용지의 크기를 변경해요!

❶ 한글 NEO(2016) 프로그램을 실행하여 [Chapter 22_프라이드치킨]-**프라이드치킨.hwp** 파일을 불러와요.

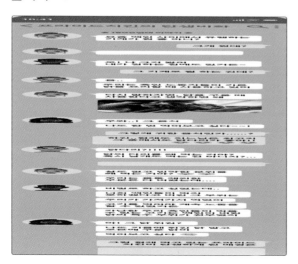

 팁 그림이 잘 보이지 않아요!

현재 불러온 파일의 편집 용지와 삽입되어 있는 배경 그림의 사이즈가 전혀 달라 어떤 그림인지 확인이 불가능해요. 편집 용지의 크기를 바꿔 어떤 그림인지 확인해 볼까요?

② 편집 용지의 사이즈를 변경하기 위해 **[파일]-[편집 용지]**를 클릭해요.

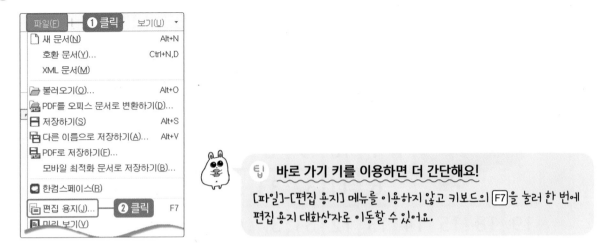

③ 용지 종류의 **폭(80)**과 **길이(1000)**를 입력한 다음 <설정>을 클릭해요. 해당 사이즈는 배경 그림의 크기와 같답니다.

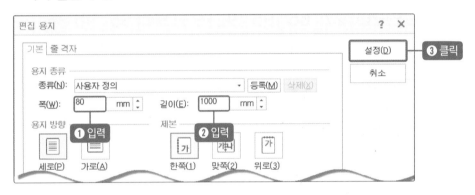

④ 편집 용지 사이즈가 변경되면 그림을 확인해 보세요.

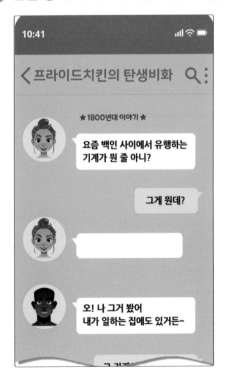

팁 편집 용지 대화상자 더 살펴보기!

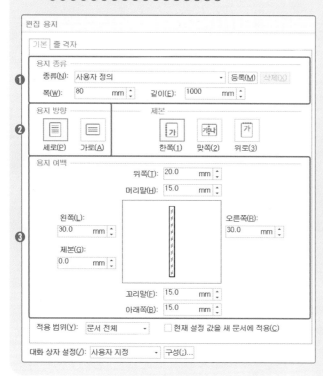

① 용지의 크기를 지정할 수 있으며, '종류'를 선택 하면 다양한 크기의 샘플 용지가 있어요.

② 용지의 방향을 지정할 수 있어요.

③ 용지의 여백을 설정하여 문서 내 텍스트를 어디 부터 작성할 것인지 지정할 수 있어요.

2 글상자를 이용하여 내용을 입력해요!

① [입력]-[가로 글상자(▤)]를 이용하여 글상자를 넣고, 아래 그림을 참고하여 내용을 자유롭게 입력 해 보세요.

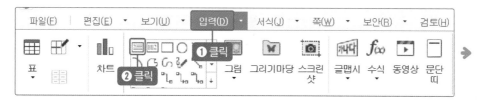

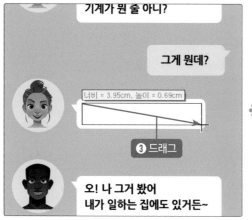

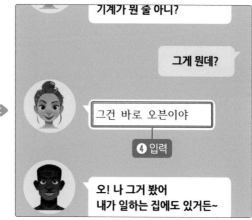

❷ 글상자의 테두리를 더블 클릭한 다음 [선]-종류(선 없음), [채우기]-색 채우기 없음을 지정하고 <설정>을 클릭해요.

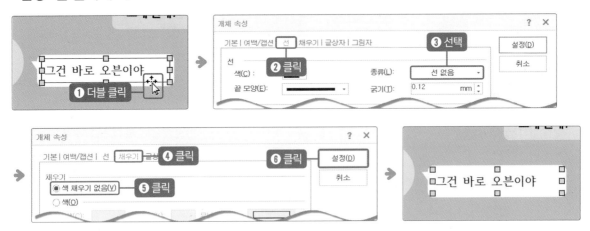

❸ 글상자가 선택된 상태에서 서식 도구 상자를 이용하여 원하는 글꼴을 선택해 보세요.

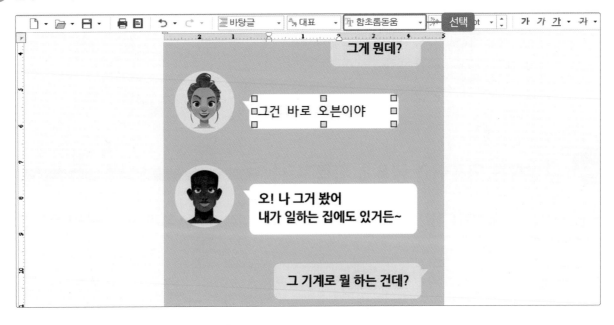

작품을 완성해요

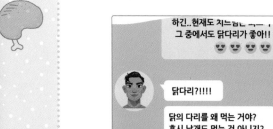

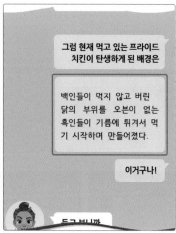

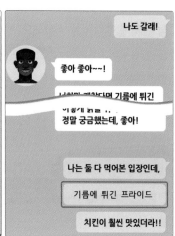

하긴..현재도 치느님은 최고..! 그 중에서도 닭다리가 좋아!!

닭다리?!!!!

닭의 다리를 왜 먹는 거야? 혹시 날개도 먹는 건 아니지?...

나는 둘 다 좋은데?

살도 없고 빈약한 분위를 왜 먹는 거야? 😮 😮

그럼 현재 먹고 있는 프라이드 치킨이 탄생하게 된 배경은

백인들이 먹지 않고 버린 닭의 부위를 오븐이 없는 흑인들이 기름에 튀겨서 먹기 시작하며 만들어졌다.

이거구나!

나도 갈래!

좋아 좋아~~!

정말 궁금했는데, 좋아!

나는 둘 다 먹어본 입장인데,

기름에 튀긴 프라이드

치킨이 훨씬 맛있더라!!

① 완성된 그림을 참고하여 빈 곳에 적당한 내용을 '글상자'로 입력해 보세요.

② 글상자에 입력된 내용의 글꼴 서식을 변경해 보세요.

스스로 만들어요

실습파일 : 프라이드치킨_연습문제.hwp   완성파일 : 프라이드치킨_연습문제(완성).hwp

'닭'으로 만들 수 있는 맛있는 음식!

프라이드치킨

닭꼬치

찜닭

치킨가스

닭백숙

치킨샐러드

① 문서 편집 용지의 크기를 변경해요. [폭 : 400 / 길이 : 300]

② 글상자를 이용하여 음식의 이름을 입력한 다음 글꼴 서식을 변경해 보세요.

③ 글상자의 서식을 변경해 보세요.

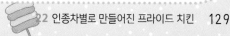

23 샌드위치와 햄버거 구분하기

배 우 는 기 능

★ 특정 위치에 책갈피를 추가해요.
★ 책갈피 위치로 하이퍼링크를 지정해요.

▶ 실습파일 : 샌드위치_햄버거.hwp   ▶ 완성파일 : 샌드위치_햄버거(완성).hwp

완성 작품 미리보기

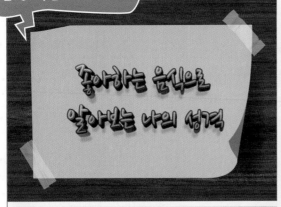

도넛

원만한 성격을 가진 사람이며 단점을 찾을 수 없네요.
늘 실수하지 않기 위해 여러 가지 노력을 하고 언제
어디에서나 친구들과 잘 어울리는 분위기 메이커랍니다.

샌드위치

어린 아이와 같이 알고 싶은 게 굉장히 많아요.
호기심 때문에 가끔 곤란한 일을 겪기도 하지만
순수한 성품을 가졌어요. 모든 것에 관심이 많고
성실한 성격이에요.

재미난 음식이야기

　　　빵과 빵 사이에 다양한 재료를 넣어서 먹는 대표적인 음식은 샌드위치와 햄버거가 있어요. 서양에서
처음 먹기 시작한 패스트푸드 '햄버거'는 샌드위치 종류 중 하나로 분류할 수 있어요. 햄버거와 샌드위치를
구분하는 방법은 무엇일까요? 정답은 햄버거 사이에 들어가는 '스테이크 패티'로 햄버거라는 이름을 붙일 수
있어요. 즉, 스테이크 패티가 없다면 그것은 햄버거가 아니라는 것이죠!

아래 조건과 일치하는 햄버거를 찾아보세요.

1 문서의 특정 위치에 책갈피를 추가해요!

❶ 한글 NEO(2016) 프로그램을 실행하여 [Chapter 23_샌드위치_햄버거]–**샌드위치_햄버거.hwp**
파일을 불러와요.

② **3페이지**의 **도넛** 텍스트 앞쪽을 클릭하여 커서를 위치시켜요.

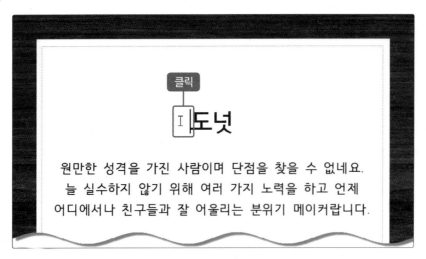

③ **[입력]-[책갈피(📑)]**를 클릭해요.

④ 책갈피 이름에 **도넛**이 입력된 것을 확인한 다음 <넣기>를 클릭해요.

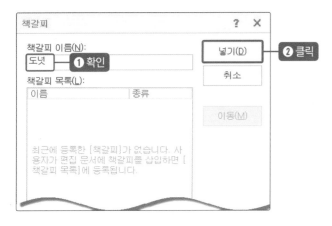

💡 **책갈피는 어떤 기능인가요?**

 실제로 책을 읽을 때 특정 페이지에 책갈피를 끼워본 경험이 있나요? 한글 프로그램에서도 책갈피 기능을 이용하여 표시된 위치로 한 번에 이동할 수 있는 기능이 있답니다.

⑤ 이번에는 **4페이지**의 **샌드위치** 앞쪽을 클릭하여 커서를 위치시켜요.

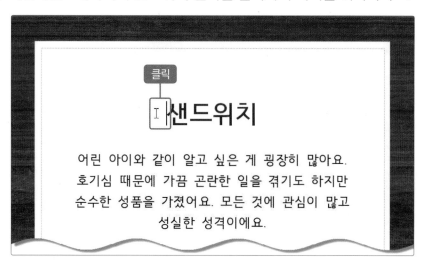

⑥ [입력]-[책갈피(📄)]를 클릭한 다음 **샌드위치**가 입력된 것을 확인하고 <넣기>를 클릭해요.

책갈피 목록을 확인해요.
책갈피 목록에서 현재 문서에 추가된 책갈피 이름을 확인할 수 있어요.

② 하이퍼링크를 지정하여 책갈피로 이동시켜요! ━━━━━━━━━━

① 2페이지에 삽입된 음식 그림을 아래와 같이 배치해요.

② 도넛 모양의 그림 위에서 마우스 오른쪽 버튼을 눌러 **[하이퍼링크]**를 클릭해요.

③ 연결 대상을 **[책갈피]-도넛**으로 선택한 다음 <넣기>를 클릭해요.

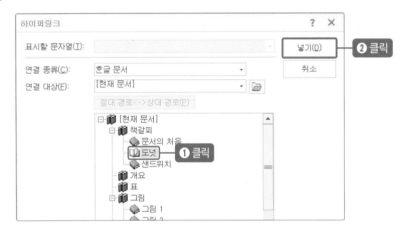

④ `Esc`를 눌러 선택을 해제한 다음 도넛 그림을 클릭하여 **도넛 책갈피** 위치로 이동하는 것을 확인할 수 있어요.

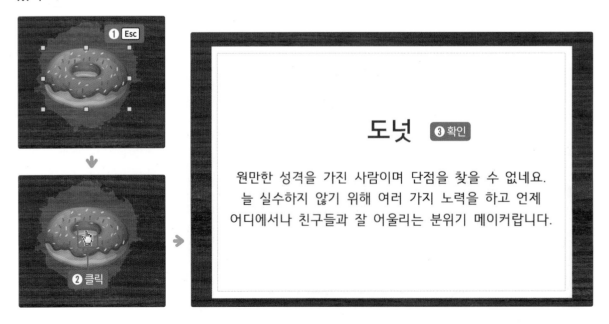

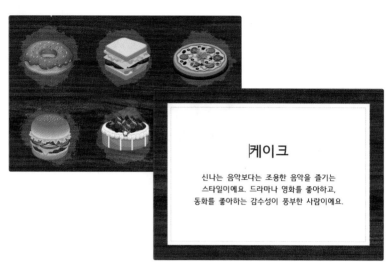

① 샌드위치 그림에 하이퍼링크를 지정하여 '샌드위치' 책갈피 위치로 이동시켜 보세요.

② 5페이지~8페이지에 각각 책갈피를 추가한 다음 그림에 알맞은 하이퍼링크를 지정해 보세요.

스스로 만들어요

실습파일 : 샌드위치_햄버거_연습문제.hwp   완성파일 : 샌드위치_햄버거_연습문제(완성).hwp

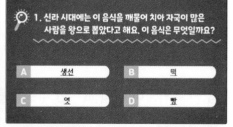
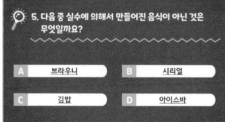

① 문서 보기 방식을 '쪽 맞춤'과 '한 쪽'으로 변경해요.

② 문제1~문제4의 정답 텍스트에 하이퍼링크를 지정해요. ▶ 다음 문제(문제2~문제5) 책갈피

③ 문제5의 정답 텍스트에 하이퍼링크를 지정해요. ▶ 'CLEAR' 책갈피

※ 하이퍼링크가 적용된 텍스트는 처음 생성되었을 때 파란색으로 나타나고, 한 번 이상 클릭하게 되면
자주색으로 변경됩니다.

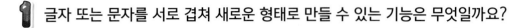

퀴즈를 풀어보면서 지금까지 배운 내용을 정리해요.

1 글자 또는 문자를 서로 겹쳐 새로운 형태로 만들 수 있는 기능은 무엇일까요?

① 문자표   ② 형광펜   ③ 그리기마당   ④ 글자 겹치기

2 여러 번 반복되는 텍스트 서식을 한 번에 수정할 때 편리한 기능은 무엇일까요?

① 스타일   ② 책갈피   ③ 하이퍼링크   ④ 텍스트상자

3 글자를 다양한 형태로 꾸밀 수 있도록 제공하는 기능은 무엇일까요?

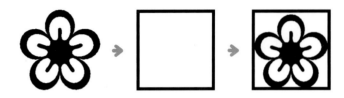

① 문단 번호

② 그림

③ 글맵시

④ 글자 모양

4 먹을 것이 없던 흑인들이 닭의 특수한 부위들을 기름에 튀겨 만들어 먹던 음식을 무엇이라고 하는지 적어보세요.

5 퐁듀를 먹게 된다면 어떤 재료를 이용하면 좋을지 적어보세요.

아래 작업 순서를 참고하여 문서를 완성해요.

실습파일 : 24_연습문제.hwp   완성파일 : 24_연습문제(완성).hwp

작업 순서

① 용지 방향을 '가로'로 변경해요.

- 편집 용지 설정 : [파일]-[편집 용지] → 용지 방향-가로(▤)

② 글맵시를 이용하여 제목을 만들어요.

- 글맵시 : [입력]-[글맵시(글맵시)]

③ 캡처 기능을 이용하여 음식 사진을 추가해요.

- 캡처 : [입력]-[스크린 샷(📷)]

 🗨 **어떤 그림을 넣어야 할까요?**

아래 내용을 참고하여 각 나라의 음식 중 가장 좋아하는 음식의 사진을 찾아 넣어보세요.
- 한식 : 한국 음식   • 양식 : 서양 음식
- 중식 : 중국 음식   • 일식 : 일본 음식

MEMO

준비물 : **칼, 가위, 풀**

주의하세요!!

1 마카롱을 끼우는 과정은 칼선이 필요하기 때문에 반드시 선생님 또는 부모님의 도움을 받아 작업하세요.

2 가위로 오려진 종이는 모서리가 날카롭기 때문에 손이 다치지 않게 주의하세요.

풀칠 풀칠

풀칠 풀칠

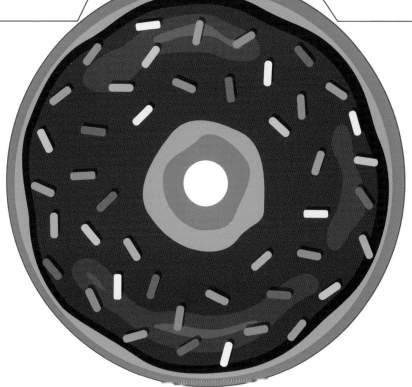

완성
모습

풀칠

풀칠

풀칠

풀칠

풀칠

풀칠

풀칠

풀칠

MILK

MILK

BANANA MILK

Nutrition Facts			
3 servings per container			
Serving size		1 cup (180g)	
	Per serving	Per container	
Calories	**245**	**735**	
	% DV*		% DV*
Total Fat 12g	14%	36g	43%
Saturated Fat 2g	10%	6g	30%
Trans Fat 0g		0g	
Cholesterol 8mg	3%	24mg	8%
Sodium 210mg	9%	630mg	27%
Total Carb. 34g	12%	102g	36%
Dietary Fiber 7g	25%	21g	75%
Total Sugars 5g		15g	
Incl. Added Sugars 4g	8%	12g	24%
Protein 11g		33g	
Vitamin D 4mcg	20%	12mcg	60%
Calcium 210mg	16%	630mg	48%
Iron 3mg	15%	9mg	45%
Potassium 380mg	8%	1140mg	24%

* The % Daily Value (DV) tells you how much a nutrient in a serving of food contributes to a daily diet. 2,000 calories a day is used for general nutrition advice.

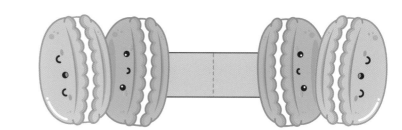

완성
모습

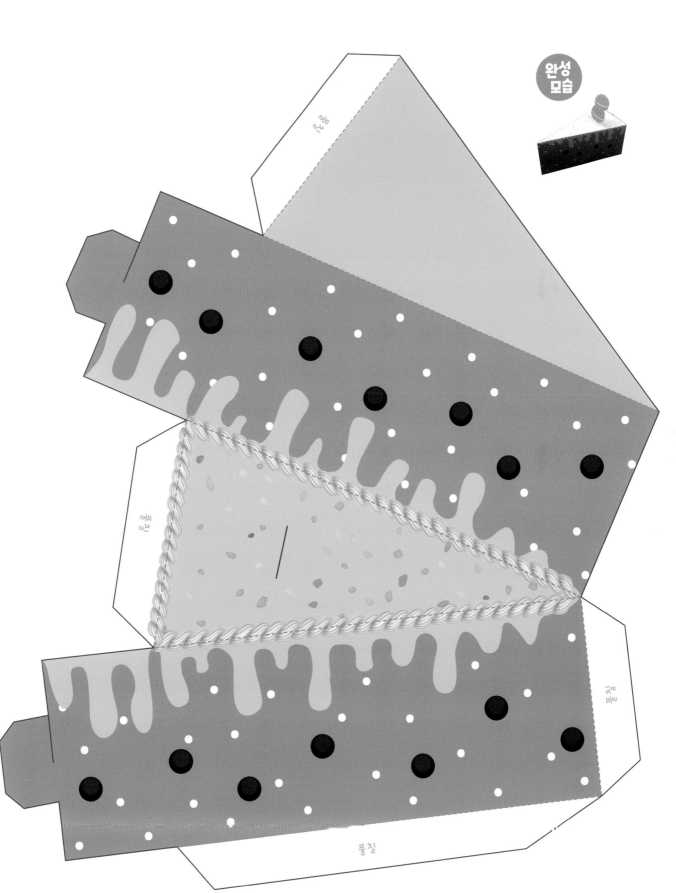

풀칠

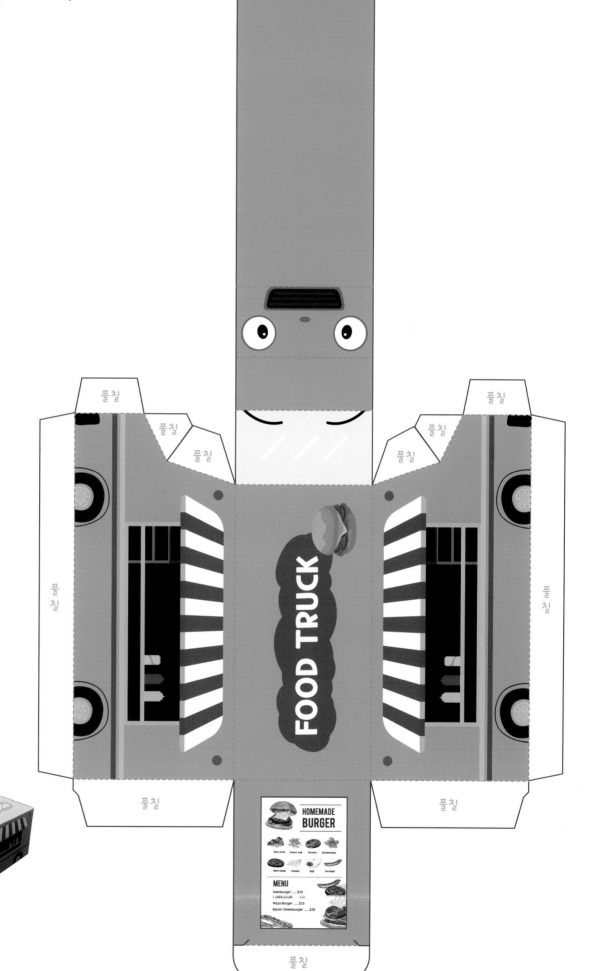

풀칠

풀칠

풀칠

풀칠

풀칠

풀칠

풀칠

풀칠

FOOD TRUCK

풀칠

풀칠

HOMEMADE
BURGER

MENU
Hamburger $10
Pizza Burger $10
Bacon Cheeseburger $10

풀칠

완성
모습